José Luis San Miguel de Pablos

DESVELANDO LA INTELIGENCIA ARTIFICIAL

La consciencia NO es algoritmo

 Siglantana

ISBN: 978-84-10179-38-7

Depósito legal: B 19399-2024

Impreso por Winihard Gràfics, S.L. - Moià (Barcelona)
en papel ecológico certificado por FSC®.

A mis compañeros peludos Pierrette y Edmond

ÍNDICE

Science sans conscience n'est que ruine de l'âme.

RABELAIS

INTRODUCCIÓN

No vivimos en un tiempo "normal". El flujo temporal ha pasado a estar colonizado por una obsesión que ya se incuba desde hace algunos años, pero que últimamente ha adquirido un relieve extraordinario. Se trata de la Inteligencia Artificial.

No es, evidentemente, una moda pasajera. Como "idea-fuerza", más que como mero avance tecnológico, la IA posee la capacidad de trastocar nociones básicas, que lo son porque atañen a nuestra realidad esencial, y no creo que nadie ponga esto en duda. Las expectativas que crea la Inteligencia Artificial y las proyecciones que se realizan sobre IAs concretas nos invitan a reflexionar en profundidad sobre la mente humana y sus capacidades. La imitación informática de la inteligencia está alcanzando niveles sorprendentes y nos obliga literalmente a mirarnos a nosotros mismos. Por mi parte estoy seguro de que hace mucho tiempo que pensar filosóficamente no se percibía como una necesidad vital en la misma medida que actualmente; quizá en los inicios de la física cuántica, pero creo que entonces a un nivel más minoritario. Si la extensión de los usos de la Inteligencia Artificial provoca, como ya se da por hecho, la desaparición de numerosas actividades profesionales, no me cabe la menor duda de que este no será el caso para el filosofar, que tendrá que volverse, eso sí, más exigente. Porque lo que pone en primer plano la explosión de la Inteligencia Artificial es el ser, nada menos que el ser. ¿Qué significa SER para nosotros? ¿Es posible (re)conocerlo con certeza? ¿Cómo, en caso afirmativo?

Los científicos, aplicando su método, observan "cosas", cómo se comportan y qué transformaciones experimentan. Pero ni saben ni pretenden saber lo que esas cosas **son**. Conocer el ser de las cosas es un objetivo prohibido, no solo en ciencia sino también en filosofía desde Kant; pero hoy la imitación del ser por las IAs –sin límite aparente– pone de manifiesto que esa prohibición –y la renuncia cognitiva en la que se basa– era excesiva, y que las consecuencias de mantenerla pueden ser terribles.

Es necesario, pues, modificar el marco o incluso salir de él. Una posibilidad es abandonarlo y regresar luego en posesión de los instrumentos que permitan cambiarlo. Me parece que algo de eso (que tanto se parece a la ida y vuelta del habitante de la Caverna que salió de ella temporalmente) ya está empezando a darse.

Mi ensayo *Consciencia, el hilo conductor del universo*, fue el segundo[1] centrado en *eso* (*Tat!*) que es el núcleo luminoso y *cierto* de cada uno de nosotros, sobre el que las *Upanishad* llaman la atención reiteradamente: la *luz de ser*. [2] La metáfora de la luz es solo una de las innumerables que cabe aplicar al *espacio de subjetividad* en el que se despliegan nuestras experiencias. El sonido y su correspondiente vacuidad matricial, el silencio, es otra, la preferida por la tradición hindú, de la que el ommmm... –la resonante sílaba que evoca la vibración originaria del Cosmos– es signo identificativo.

Pero los occidentales somos muy visuales. Entre nosotros una comprensión intuitiva instantánea es un *insight*, una visión interior, aunque en la "auditiva" india también existen numerosos términos y raíces etimológicas que identifican "la vista" y "ver" con comprensión directa (a fin de cuentas, el orden zoológico de los primates, al completo, es eminentemente visual).

El ser humano actual se mueve a trompicones en la oscuridad y, como Goethe instantes antes de morir, él también pide a gritos: "Luz..., ¡más luz!". Malraux lo diría o no, porque hay dudas al respecto, pero creo que es cierto: lo que queda del siglo XXI será espiritual y místico o no será.

LA PROVOCACIÓN DE LA INTELIGENCIA ARTIFICIAL

Hace ya tiempo que la Inteligencia Artificial está ahí, pero al principio no llamaba todavía la atención del gran público. Fue el lanzamiento por la empresa OpenAI del Chat GPT lo que hizo estallar la *IAmanía*. Y, con ella, el deseo compulsivo, sentido por millones de personas, de interrogar sobre los temas más variados a ese artefacto informático interactivo, y mantener largas conversaciones con las personalidades que imita y a través de las cuales se presenta.

El salto al primer plano del interés general ha venido acompañado de una gigantesca ceremonia de la confusión. En realidad, es la misma en la que chapotean los creadores de la IA; vale decir, los tecnólogos de Silicon Valley. Se da por supuesto que la Inteligencia Artificial es inteligente, sin saber lo que es la inteligencia. Se especula con la posibilidad de que llegue a haber IAs conscientes, sin tener ni idea de lo que es la consciencia, *and so on*. Se fabrican "Alexias" esforzándose en que parezcan personas, y, aunque escucho en mi entorno que "eso no se lo cree nadie", yo respondo: "¿Seguro?". Porque cada vez hay más gente con dependencia de alguna *alexia* (o *alexio*). Y se nos dice también que, dada la extensión de la soledad no deseada, las *alexias* pueden aliviarla. Seré antiguo, pero no me convence. Frente a la soledad, compañía real, no potenciación del engaño, y menos en el terreno de los sentimientos. Da la impresión de que la realidad virtual y sus metaversos poblados de pseudoentidades que interaccionan con nuestros *avatares* es la apoteosis de la mentira, aunque uno se pregunta si lo peor no está por llegar. Cuando Emmanuel Lévinas dijo que el rostro y los ojos del otro vuelven imperativo el mandamiento *no matarás*, no podía imaginar que unas décadas después se fabricarían máquinas destinadas a simular la alteridad de una manera tan perfecta que esta llegaría, finalmente, a resultar indistinguible para muchas personas.

Pocas dudas caben de que quienesquiera que sean los que están detrás de todo esto (¿los mencionados tecnólogos, sus financiadores...?) están yendo muy lejos. Demasiado. Sea como sea, la situación actual y el panorama que se nos presenta nos obligan a volver a plantearnos las preguntas fundamentales de "¿qué es la consciencia?", "¿qué es la inteligencia?". Y no solo esas..., también "¿qué es *vida*?", "¿qué es *ser*?".

Y, por si fuera poco, reconocer en el nuevo contexto lo que es verdad y distinguirlo de lo engañoso y falso se plantea ya de una manera realmente angustiosa.

La Inteligencia Artificial es provocadora, efectivamente. Lo es en múltiples sentidos. Nos humilla, al transmitir el mensaje de que la inteligencia no es algo exclusivamente nuestro; oscurece nuestra noción intuitiva de inteligencia; propone a las máquinas como candidatas confirmadas a desbancarnos en un futuro cercano; socava también nuestra intuición de lo viviente, al establecer una suerte de tierra de nadie: la que ella misma representa. Y no pocos de sus hacedores afirman que van a conseguir dotar a las IAs de consciencia, e incluso los hay que aseguran que gérmenes de la misma se vislumbran ya en algunas de las que ahora mismo están disponibles.

¿QUÉ ES...?

Pero esta provocación tiene una consecuencia positiva, y es que nos exige clarificar una serie de conceptos fundamentales. Esto solo se puede hacer desde la filosofía y partiendo, además, de enfoques filosóficos de vocación ontológica y omniabarcante, lo que nos fuerza, por añadidura, a renunciar a la pretensión de ceñirnos a la filosofía occidental, puesto que hay filosofías y espiritualidades en Oriente que tienen mucho que decir en esto.

No cabe duda de que los marcos culturales dentro de los cuales se ha desarrollado nuestra capacidad de pensar nos condicionan. Algunos afirman que es imposible escapar de ellos... Yo no diría tanto. Pero somos occidentales y por "filosofía" entendemos –al menos de entrada– lo que en Occidente se entiende por tal palabra. Sin embargo, al estrechar culturalmente nuestro entendimiento de algo, el filosofar, que hasta tal punto tiende a no dejarse constreñir, tenemos un problema. Y este se agudiza aún más al enfrentarnos a esa "cosa" nueva que llamamos inteligencia artificial. El problema viene de que en Occidente la filosofía es una actividad exclusivamente mental y conceptual, y los conceptos son abstracciones que aluden a una realidad que no está presente. Por si fuera poco, intentar acceder al núcleo más profundo de lo que somos (a nuestro ser más cierto e indudable) siguiendo caminos introspectivos, está mal visto en *la academia*. No era así en los albores del filosofar mediterráneo, pero hace ya mucho tiempo que la filosofía de raíz europea ha renunciado a toda pretensión de encontrarse con el ser cara a cara.

Sin embargo, esta renuncia se revela catastrófica cuando nos enfrentamos al penúltimo producto de la tecnología: la inteligencia artificial. Porque implica no disponer de ningún criterio para conocer su naturaleza auténtica (¿son conscientes las IAs o van camino de serlo?, ¿tienen verdadera inteligencia?). ¡La renuncia filosófica a reconocer el ser es ahora un gravísimo inconveniente! Hay que cambiar de presupuestos, y para eso puede resultar muy útil –incluso imprescindible– explorar a fondo otras áreas culturales.

INTELIGENCIA NO ES SOLO PENSAMIENTO

Vayamos con la primera de las cuestiones evocadas: ¿qué es la inteligencia? No hay consenso al respecto y, de haber alguno, este sería que definir la inteligencia es cosa extremadamente difícil, como enfatiza Jeremy Narby al referirse a la inteligencia de la Naturaleza. [3] Aun así, en mi anterior ensayo me atrevo a aportar una definición: "Es el principal medio (multiforme[4]) gracias al cual cada foco de vida y de consciencia puede desenvolverse eficazmente en su entorno, preservando su autonomía experiencial y actuante, y ser asimismo capaz de evitar en lo posible el sufrimiento y de disfrutar de su existencia"[5] (y debería haber añadido que también permite modificar, en cierto grado, el entorno en beneficio del agente). Más adelante me pregunto si la IA se adapta a esta definición, y mi respuesta es negativa puesto que ninguna IA ni ningún robot equipado con alguna de sus versiones es un agente autónomo, lo que significa que no es *para sí*, ni puede tratar, por tanto, de evitar ningún sufrimiento ni de alcanzar dicha alguna. Porque el sufrimiento y la dicha solo existen en y para los seres conscientes, en y para seres con interioridad, y esta está ausente de los dispositivos informáticos, por sofisticados que sean y por mucho que hayan sido diseñados para simularla.

Sucede algo más, y es que se confunde sistemáticamente la inteligencia con el pensamiento. Se nos dice que las inteligencias artificiales superarán galácticamente a las humanas una vez que sus algoritmos alcancen una potencia resolutoria que deje muy atrás la de nuestros cerebros; pero el pensamiento no es lo único relevante para nuestra inteligencia, ya que la misma supone un entrelazamiento inextricable de *las cuatro funciones psíquicas* que Jung estableció con la mayor claridad: las funciones **sensación**, **sentimiento**, **pensamiento** e **intuición**. La inteligencia humana se basa en la intrincación de estas cuatro funciones y en su orientación a un fin, que es el propio de un sujeto consciente, y no procede de una programación establecida externamente. Ahora bien, la "función pensamiento" *químicamente pura* se diferencia de las otras tres en que puede desplegarse sin estar sustentada en ninguna consciencia, como simples secuencias de operaciones lógicas estructuradas sintácticamente que se desarrollan en el interior de un dispositivo ciego. Sin embargo, las otras tres funciones psíquicas son inseparables de la consciencia, y no son nada –o son puras falacias– en ausencia de una dimensión subjetiva.

Resumiendo. El pensamiento razonante y discursivo "puro" (es decir, desprovisto de emociones, sensaciones corporales e *insights* o momentos de comprensión, en los que una captación intuitiva siempre está presente) es algorítmico y, como tal, puede ser reproducido por los aparatos informáticos, como viene sucediendo desde el nacimiento mismo de esta tecnología, aunque inicialmente a un nivel muy elemental.

Puede sorprender la afirmación de que esta misma visión la tenían ya, desde hace siglos, determinadas filosofías de la India antigua. Las escuelas hindúes del Samkhya y de los Yogas comparten una misma idea muy clara de la mente, que resulta chocante para las concepciones occidentales tradicionales. Mientras que en Occidente siempre se ha entendido la mente como inseparable de la consciencia, las referidas escuelas indias establecen una distinción nítida entre mente y consciencia, entendida esta última como la pura *luz de ser*, que cabe identificar con el espíritu. Pero no es esto lo que más puede chocar a los estudiosos occidentales, entre los que una minoría asume ya esta distinción, sino la asunción por las referidas escuelas de que la mente es de naturaleza material, a diferencia de la pura consciencia, de naturaleza trascendental, y cuyo "desembarco" en el mundo se produce mediante el cuerpo y la mente (que es material como el cuerpo).

¿Pero qué se entiende por "material" en lo que se refiere a la mente? Por una parte, está su estrecha vinculación con el cerebro, si bien la luz de la consciencia también parece mantener con él un vínculo[6]. Y está, además, la afirmación, común en las citadas escuelas índicas, de que la materia de la mente es de una naturaleza más sutil que la del cuerpo y los objetos físicos. ¿No nos estarán sugiriendo el Samkhya y los Yogas que, en el fondo, la mente –nuestra mente pensante, tan hipervalorada y que hasta tal punto nos situaría por encima de los animales y del mundo físico– es de la misma naturaleza que lo que constituye el fundamento elemental de la informática? En una palabra: ¿la base atomística de esa materia no serán también los *bytes*?

De lo anterior se desprende que la Inteligencia Artificial no debería llamarse así. *Pensamiento Artificial* sería un nombre más ajustado, puesto que inteligencia implica interioridad.

Porque la inteligencia es inseparable de la capacidad de comprensión, es decir, de captar e integrar (*cum-prehendere*) fenómenos e ideas en la interioridad consciente de cada uno; pero el pensamiento –tomado aisladamente, es decir, totalmente desligado de las demás dimensiones de lo anímico y vital– es algorítmico y está hecho, por tanto, del mismo "paño" que los programas informáticos. Estos últimos vienen a ser *trozos aislados de pensamiento aconsciente,* y las IAs nada más que un perfeccionamiento llamativo de algo que, de hecho, ya existía cuando nació la informática.

Pero… ¿el pensamiento humano es realmente idéntico a la "función pensamiento" que definió Jung? O, dicho en otros términos, ¿no es más que pensamiento cartesiano químicamente puro? ¡Por supuesto que no! En el pensar humano participan todas las dimensiones psíquicas, y su componente algorítmica se integra en la *dimensión holística* propia del pensar real del ser humano, que se diferencia del "pensamiento artificial" informático por la ineludible presencia del cuerpo (sensaciones), de emociones y sentimientos (no se piensa, *se sentipiensa*) y, sobre todo, por el hecho de que desemboca en una comprensión genuina, ya que hasta el más frío de los procesos algorítmicos cogitantes del *homo sapiens* culmina, si tiene éxito, en *comprender* algo, lo que implica *siempre* un momento intuicional. Y de ahí la diferencia abismal, señalada por Dilthey y retomada por Ortega, entre "la explicación" (ligada al desarrollo de un proceso mental algorítmico) y "la comprensión" (la culminación de ese proceso en una suerte de visión que *tiene lugar a la luz de la consciencia*).

A continuación, voy a atreverme con las definiciones de *ser* y de *vida*. ¿Qué es *ser*? Aristóteles, que marca el origen de la filosofía discursiva occidental,[7] dijo aquello de que "el ser se dice de muchas maneras". ¿Se dice o *es* de muchas maneras? Para la tradición upanishádica, ser es idéntico a consciencia. **Brahman** = *sat-cit-ananda* (ser-consciencia-dicha). En realidad, es lo mismo que ocupa el vértice del esquema neoplatónico: el Uno / el Bien, que se hace Mundo mediante su descenso a través de las hipóstasis denominadas Mente Divina y Alma del Mundo, tal como Brahman se hace universo mediante Maya, lo que Òscar Pujol llama *la ilusión fecunda*.

    ¿Y cómo cabe definir "vida"? Yo diría que *como el ser en el tiempo*. Puede sonar demasiado heideggeriano… Quizás es más ajustado decir *en el espacio-tiempo*. Vida es, pues, (el) ser en modo de la ilusoria[8] multiplicidad cósmica en devenir; digamos que en el seno de *la ilusión fecunda*.

TRASPLANTE SUS *BYTES* A UN ORDENADOR PARA SER INMORTAL

La idea de trasvasar la totalidad del contenido cerebral de información a un ordenador lo suficientemente potente, para eludir la muerte, tiene ya unos cuantos años. Trataré de mostrar que el logro de una inteligencia artificial consciente y lo que podemos llamar "la vía informática a la inmortalidad" son dos delirios tecnológicos estrechamente relacionados.

    Ambas ensoñaciones parten de la ignorancia crasa de lo que es la consciencia. Esa ignorancia no es debida a falta de conocimientos científicos sino a la ausencia de una mínima capacidad introspectiva y de la consiguiente reflexión a partir de ella; dicho en otros términos, a una falta absoluta de lo que llamaré *inteligencia filosófica profunda* que, en mi opinión, tiene que incluir necesariamente una cierta *inteligencia mística*. Ahondaré en esto más adelante y baste ahora con decir que lo que es la consciencia se conoce… sencillamente viviéndola, y que esto es así para todo el mundo, aunque acendradas ideas preconcebidas cientificistas y materialistas pueden impedir reconocer lo que es una pura evidencia directa, a causa de la negativa obstinada a aceptar que conocer la consciencia no precisa de mediación alguna. Este bloqueo, común en el mundo científico, en el que, por sistema, no se acepta nada que escape a su *método*, se da igualmente entre los tecnólogos, sus financiadores y sus *fans*.

De modo que, para los creadores y perfeccionadores de la Inteligencia Artificial, la consciencia o reside directamente en los *bytes* o es algo que misteriosamente emerge del funcionamiento de los *softwares* que dichos *bytes* conforman.

De esta confusión –que se vuelve imposible en cuanto se reconoce *la luz interna de ser* como el espacio de la pura subjetividad– participan incluso algunos filósofos de la consciencia que la entienden como una propiedad intrínseca del universo. Es el caso de David Chalmers, que defiende la identidad entre consciencia e información. Pero la información puede ser aconsciente, ya que toda información tiene que ser recibida por alguien *que se entere*[9] para ser un verdadero mensaje informativo. Sin un receptor consciente, la "información" no es más que un constreñimiento conformativo. Así, un temporizador está obligado, por el programa del que ha sido dotado, a detenerse o ponerse en marcha; es depositario, pues, de una información que determina su funcionamiento pero que en sí misma no tiene nada de consciente.

Es, por lo tanto, la confusión entre pensamiento y consciencia, muy arraigada en la filosofía occidental, lo que explica tanto la creencia de que *el alma* (o su *software* equivalente) podría ser trasplantada a un ordenador, como la idea, que comparten bastantes especialistas en Inteligencia Artificial, de que tarde o temprano conseguirán fabricar IAs conscientes, IAs que lo serán realmente y no que simularán serlo.

Pero persiste una duda, de todos modos. Si concedemos crédito a la hipótesis panpsiquista que, como veremos más adelante, vuelve a conocer un cierto auge, los electrones mismos contarían con una oscura dimensión subjetiva, por inconcebible que esta nos resulte, ya que la misma sería "la otra cara" del universo material-energético, la cual no solo existe a nivel global sino también en cada uno de sus sistemas parciales, de la escala micro a la macro.[10] De ser así, pudiendo ello aportar una explicación de la consciencia de los seres vivos, cuya presencia es mediada fundamentalmente por sus sistemas nerviosos,[11] tampoco cabe "excluir metafísicamente" la posibilidad de que artefactos informáticos no biológicos lleguen a tener experiencia consciente.

Dicho en otros términos: si el lado anverso de la Energía (primera vestidura *máyica* del Brahman en su manifestación como Universo) es Consciencia, parece lógico que, en el despliegue evolutivo cósmico, esta empiece a adquirir muy pronto un semblante de *purusha*[12] individual. Tal cosa pudo ocurrir desde la formación de los primeros "remolinos energéticos", es decir, de las estructuras elementales de energía (¿los quarks?) en las que Whitehead intuía consciencia[13]. Pero, para la plena definición, individualizada y personalizada, de esta, la Evolución cósmica –con su implícito ineludible: *el factor tiempo*– juega un papel fundamental. Los seres biológicos de complejidad máxima son traídos, pues, a la existencia por una Evolución que implica *tiempo*. ¿Pueden las máquinas informáticas contornear *de verdad* este condicionante, como creen los tecno-optimistas? Me permito ponerlo en duda.

En la histórica controversia que mantuvieron en los noventa David Chalmers y John Searle acerca del panpsiquismo, el segundo se manifestó como defensor acérrimo de un confinamiento estricto de la consciencia en el mundo biológico. Y lo hizo, además, con extrema virulencia, considerando que su postura constituía un argumento decisivo contra el panpsiquismo, aunque sin aportar auténticas razones de la misma.[14] Sin embargo, estas existen y yo sugiero una de ellas:

> Hay que plantearse si los procesos evolutivos de la **vida biológica**, que implican e integran necesariamente **el tiempo** como un factor fundamental e imposible de comprimir, no serán imprescindibles para que surjan seres-consciencia, como ha sucedido en la Tierra. (...) El vínculo entre VIDA, *CONSCIENCIA FOCAL* (y por consiguiente *verdadera inteligencia*) y EVOLUCIÓN puede ser todavía mucho más estrecho de lo que se pensaba. Literalmente ontológico.[15]

Hoy por hoy, lo más razonable es mantener una actitud escéptica en lo que se refiere al nacimiento de mentes artificiales conscientes en un futuro previsible, *sobre todo teniendo en cuenta la línea que siguen las grandes empresas tecnológicas de* **imitar** *a toda costa seres dotados de personalidad y consciencia.*

Todo esto subraya la urgencia de ampliar y profundizar la sensibilidad filosófica. La revitalización de la filosofía pasa por que recupere la dimensión vivencial y experiencial que jamás debió perder, a semejanza de las filosofías de la India, que se basan en un autoconocimiento introspectivo que llega hasta la raíz: hasta *la luz de ser*, la consciencia-raíz, que es inseparable de la vida. El CONÓCETE A TI MISMO grabado a la entrada del templo de Apolo ha sido desatendido por unos pensadores occidentales que primero se centraron en tratar de conocer intelectualmente un Dios exterior, y pasaron luego a enfocarse en una naturaleza supuestamente ciega y desvitalizada. Solo si esa máxima vuelve a inspirar la búsqueda de comprensión se podrá detener y revertir el proceso de *maquinización* que está en marcha.

LA MENTE
Y LA CONSCIENCIA.
ENFOQUES OCCIDENTALES

"Occidente" y "Oriente" no son lugares geográficos sino estereotipos o quizá arquetipos, o puede que estén a medio camino entre ambos. Y, como tales, nos sirven para entendernos. Sea como sea, es un hecho que el Occidente y el Oriente reales se hallan cada vez más entrelazados y que se dan entre ellos intercambios paradójicos. Dicho esto, propongo un recorrido somero por las concepciones de la mente y la consciencia en estos dos grandes ámbitos histórico-culturales.

Tras el filosofar griego y helenístico (en el que se dieron algunas significativas consonancias con la filosofía Vedanta), el pensamiento occidental ha conocido dos etapas claras: la primera, en la que la religiosidad cristiana fue hegemónica, heredó de Platón[16] el dualismo cuerpo-alma, y este fue heredado a su vez, tal cual, por René Descartes, que lo formuló de una manera precisa al referirse a las dos sustancias inconmensurables que son la *res extensa* y la *res cogitans*, implicando esta última la identidad entre pensamiento y consciencia. De hecho, al filósofo francés ni siquiera se le ocurrió nunca distinguir la consciencia con un nombre diferenciado.

Descartes hizo de puente con la etapa siguiente, que llega hasta nuestros días: la de la hegemonía de la ciencia.

Sin llegar a desaparecer, en la etapa actual el dualismo se ha debilitado en beneficio de un monismo materialista cuyo gran protagonista es el cerebro. "El cerebro segrega el pensamiento como el hígado segrega la bilis" es una frase que se acuñó en el siglo XIX, y a finales del XX se popularizó "el alma es el cerebro", que a menudo se sigue repitiendo. Pero desde hace unos cuantos años, en paralelo con una radicalización todavía mayor del materialismo filosófico (Dennet, Dawkins, el *nuevo ateísmo*...), se está planteando por primera vez la distinción entre "pensamiento" –e incluso "mente"– y "consciencia", y crece en intensidad el debate acerca de la naturaleza de esta última y de hasta dónde alcanza su presencia en la naturaleza.

El estricto empirismo de la ciencia experimental es el pilar esencial del método científico, y, como la observación empírica se refiere exclusivamente a objetos, para muchos científicos queda claro que no puede haber nada distinto de ellos. Al identificar la realidad con la materialidad, el materialismo pasa a ser la única ontología plenamente coherente con el cientificismo, que solo admite una vía cognitiva capaz de conducir a la verdad: el *método científico*, definido como estrictamente empírico y objetivo.

A partir de los éxitos espectaculares de las ciencias de la naturaleza (que, para poder avanzar, han tenido que vencer en repetidas ocasiones la resistencia de las iglesias cristianas, que se negaban cerrilmente a admitir, primero, que la Tierra se movía y, dos siglos y medio después, la visión evolutiva de la naturaleza), dichas ciencias pasaron a ser, junto con su método, el referente principal de una parte cada vez mayor del campo filosófico. La filosofía se mudó, pues, de *ancilla theologiae* a *ancilla scientiae*, y ¡ay de aquel que osara pretender escapar a esa servidumbre! Me parece que la comparación entre las dos ancilaridades no es exagerada, porque una parte nada desdeñable del mundo científico se ha vuelto más y más dogmático, no por defender los grandes descubrimientos de los últimos siglos, muchos de los cuales (como, sin ir más lejos, la Evolución) poseen un claro potencial iluminador y liberador, sino por elevar a la categoría de única concepción verdadera de la realidad su modelo de una naturaleza totalmente desprovista de consciencia, a la cual es completamente ajena, ya que incluso la del ser humano le sobra: es un "epifenómeno" que hasta podría no ser más que una ilusión fantasmagórica como las *sombras vanas* del Tenorio.

No me parece convincente la afirmación de que muerto Dios (léase el Dios personal judeocristiano) nada tiene sentido y cada uno puede hacer lo que le venga en gana, pero resulta indiscutible que, en ausencia de consciencia, o puesta en entredicho, no hay ni sentido ni valores, ni puede existir fundamento alguno para la Ética.

TEORÍAS NOETÓFOBAS Y NOETÓFILAS

Las teorías occidentales actuales de la mente se pueden clasificar en dos grupos. En el primero entran las que consideran los *qualia* un lujo prescindible o incluso niegan su existencia, y en el segundo las que los admiten, llegando a enfatizar su fundamentalidad. Recordemos que los *qualia* son los elementos de la experiencia subjetiva, como por ejemplo la sensación vivida de un color. Los enfoques conductuales (el *conductismo*) mantienen al respecto una actitud que se puede calificar de indiferente, por cuanto al considerar que no es posible acceder a los contenidos de consciencia ajenos,[17] sino que solo cabe tener conocimiento de los mensajes emitidos por los demás (que pueden ser engañosos) o de sus perceptibles comportamientos, retienen únicamente la observación de estos últimos, ignorando los *qualia* (aunque no por ello necesariamente los nieguen).

Yo calificaría a las corrientes que ningunean los *qualia* (de hecho, las más *cientificistas*) de "noetófobas",[18] puesto que es evidente que la realidad de la consciencia es algo que les estorba y molesta sobremanera.

El *funcionalismo* aplicado a la mente es una forma de *fisicalismo* ("los fenómenos mentales son físicos en su totalidad"). La posibilidad, confirmada ya, hoy en día, de que diferentes dinámicas neurales se asocien a una misma experiencia subjetiva es la base del funcionalismo, de modo que esta teoría de la mente no niega la consciencia, si bien dentro de ella hay sectores que tratan de ningunearla asegurando que puede ser sustituida ventajosamente por observaciones conductuales puramente objetivas y por lo tanto manejables en los términos del método científico.[19]

Esto último nos lleva al *computacionalismo*. En síntesis: dado que los programas de ordenador son funcionales, en el sentido de que conducen a resultados en terrenos que hasta hace muy poco se consideraban reservados a la mente humana, de ello se desprende que el funcionamiento de nuestras mentes es idéntico al de los ordenadores. Y como estos no son conscientes se sigue que la consciencia no es necesaria para el cumplimiento de las tareas mentales y que se puede no tomarla en consideración o incluso negarla como un añadido no funcional y "místico". Dejando de lado esta última conclusión negacionista, el computacionalismo es plenamente compatible con la importante filosofía india del Samkhya, como pronto veremos en detalle. Y, hace más de cuarenta años, Edgar Morin percibió también, por su parte, que la cognitividad es de naturaleza computacional, y desarrolló ampliamente esta percatación en el tomo tres de *El Método*.[20] Más adelante volveré a referirme a este gran filósofo.

El *eliminacionismo* constituye la quintaesencia de la noetofobia. Ya he dicho en más de una ocasión que, cuando los eliminacionistas plantean que "la consciencia es una ilusión", uno no puede evitar preguntarse de quién es esta, ya que solo los seres conscientes tienen ilusiones o alucinaciones. Pero aún me produce más perplejidad ponerme en la piel de un eliminacionista, porque, si su propia consciencia no existe, ¿qué es él? ¿Un zombi?

Los casos de Churchland y Dennett son los más conocidos, pero no son ni mucho menos los únicos, si bien conviene añadir que este posicionamiento es cada vez más minoritario y empieza a resultar vergonzante, acompañado, como lo está, del estigma de su carácter manifiestamente absurdo. De todos modos, creo que una buena explicación del negacionismo de la consciencia tiene que ver con la absolutización del método científico, el cual al ser estrictamente objetivista *está obligado* a dejar fuera la consciencia, que no es un objeto; de hecho, a dejarla fuera no solo del campo de lo cognoscible sino también del de lo ontológicamente posible.

MENTES Y ORDENADORES

Volvamos al computacionalismo, cuyo prestigio ha aumentado últimamente, al ser la informática (es decir, la computación) la base de la Inteligencia Artificial, y dado el bucle creciente que se ha instalado entre esta y las teorizaciones de la mente. De hecho, ya se está dando lo que Byung-Chul Han anticipaba con preocupación, esto es, que no solo se nos propone insistentemente adoptar un modelo maquinal de la mente,[21] sino que dicho modelo está ganando aceptación social a medida que las IAs generativas entran cada vez más en la vida de las personas, como está sucediendo de manera generalizada desde comienzos de 2023. Si los materialistas clásicos afirmaban (y afirman) que "el alma es el cerebro", los tecno-materialistas predican que "el alma son los *bytes*", de lo que cabría deducir que las IAs, y aun los simples ordenadores domésticos, *ya* tienen alma (o su equivalente funcional). Esto está cargado de consecuencias que no son solo de orden filosófico: la creatividad artística, por ejemplo, corre el peligro de ser suplantada por remedos maquinales espurios, y, en términos generales, una gran suplantación puede llegar a producirse de forma masiva, y lo verdadero llegar a resultar totalmente indistinguible de lo falso. No solo "ser" deja de significar algo, sino que surge una suerte de *ontofobia* (lo que ya adelantaba el virulento rechazo postmoderno de todo *esencialismo*, con su lema "todo es constructo").

Es evidente que un enfoque funcionalista y computacional que haga abstracción de la consciencia es la teoría de la mente ideal del transhumanismo. Y, por otra parte, la gran debilidad de quienes apoyan el computacionalismo sin por ello negar ni ignorar la consciencia reside en la identificación que casi todos establecen entre consciencia e información. Pues, como ya se ha mencionado, hay filósofos de la mente que asumen el carácter esencial y ubicuo de la consciencia y que, al mismo tiempo, consideran que el fundamento de esta es la información, entendida según el modelo que establece la informática. Daniel Innerarity, en su excelente ensayo *La sociedad del desconocimiento*, pone los puntos sobre las íes, y merece la pena citarle:

> Es frecuente pensar que los ordenadores procesan algo que ya es información, pero esto no es cierto más que en una acepción muy rudimentaria. Lo que los humanos

entendemos por información no son los datos sin más, sino los datos con un determinado sentido. La información solo existe a partir de la interacción entre el humano y la máquina. Los ordenadores procesan únicamente datos o información potencial. No hay información propiamente dicha si los datos no han sido procesados e interpretados, mientras no estén inscritos en un contexto de sentido.[22]

Me alegra constatar que un filósofo de la lucidez y el prestigio de Innerarity entiende lo que es –y lo que no es– la información exactamente como yo lo entiendo. Sin *un sentido captado y vivido como tal,* no solo de los datos sino también de las explicaciones verbalizadas o matematizadas, no existe "lo que los humanos entendemos por información". Porque *sentido implica comprensión,* y esta solo se da en el espacio luminoso de la consciencia.

En *La rebelión de la consciencia* me referí ya a David Chalmers, importante filósofo de la mente al que se debe el haber formulado de una manera perfectamente clara el "problema difícil de la consciencia", que puede expresarse con facilidad diciendo que las vivencias no son ni las descripciones que se puedan hacer de ellas ni sus explicaciones físicas o neurológicas, que no proporcionan la menor información sobre las vivencias mismas. Chalmers defiende una clase especial de panpsiquismo, desde el momento que asocia estrechamente la consciencia a la información, con la consecuencia de que para él toda cosa que contiene información, incluso si esta ha sido artificialmente instalada,[23] tiene que ser consciente o contar con un germen de consciencia. Chalmers no aclara lo que hay que entender por información, que, en sentido amplio, es cualquier estructura poseedora de un potencial conformativo transmisible, sea este puramente físico (como, por ejemplo, un programa informático) o pertenezca al contenido de conciencia de un emisor humano. Creo, por mi parte, que lo que es, en dicho sentido amplio, la información queda perfectamente aclarado por su etimología: *in-formare*, es decir, formar o reformar internamente algo, lo que puede referirse tanto a la interioridad anímica de un receptor consciente como a la estructura de un sistema no consciente. Un termostato, del que Chalmers llega a decir que tiene que poseer una consciencia elemental, ha sido programado por unos seres humanos, ellos sí, conscientes, que lo han dotado de una estructura electromecánica sensible a la temperatura, lo que no tiene nada que ver con la subjetividad, y lo mismo pasa con un *software*.

En una palabra, *la información no es la consciencia, sino que está al servicio de ella*, lo que es muy diferente. La consciencia (la *luz de ser*) trasciende la información y la utiliza, como el medio instrumental que es, para posibilitar la objetivación y la comunicación en un universo de multiplicidad, y para vivir en él vidas diferenciadas.

Lo que la filósofa Susan Schneider llama "patronismo" es una variante del enfoque computacional de la mente, especialmente cara a algunos de los máximos representantes del transhumanismo, como Ray Kurzweil. Esta corriente asume que la mente y la consciencia –para ella, indistinguibles– son idénticas al "patrón de funcionamiento" del cerebro-computadora, aunque no al cerebro mismo en sentido físico, en lo que los "patronistas" se diferencian de los materialistas clásicos, para los que "la mente es el cerebro". Kurzweil y no pocos transhumanistas creen que, si se consiguiera identificar ese patrón y preservarlo fuera del cerebro, ello supondría preservar la mente consciente; que, por lo tanto, podría descargarse en dispositivos informáticos que reprodujeran la estructura del cerebro.

Con David Chalmers hemos abierto el segundo grupo de filósofos occidentales de la mente, el de los *noetófilos*, aquellos para los que la consciencia no es ningún lujo del que se pueda prescindir, sino una realidad esencial, por difícil que resulte entenderla y tratar de ella siguiendo estrictamente el método científico.

LA REBELIÓN DE LA FENOMENOLOGÍA

Llegados a este punto, creo conveniente referirme a la *fenomenología*. Este movimiento filosófico, surgido en la primera mitad del siglo XX en oposición frontal a los enfoques estrictamente *objetualistas* (y no solo *objetivos*) del positivismo, se centra justamente en *el aparecer* de las cosas a la consciencia como fenómenos. Por mucho que afirmara que su propuesta podía resumirse en una vuelta "a las cosas mismas", lo que realmente decía Husserl, siguiendo a Kant, es que solo podemos conocer y tratar con aquello que se nos presenta a la consciencia, es decir, con *fenómenos*, pues los objetos mismos son *cosas-en-sí* totalmente inaccesibles. En todo caso, no cabe duda de que la fenomenología surgió –no solo para Husserl– como un grito de protesta contra el ninguneo positivista y cientificista de ese espacio irreductible de subjetividad sin el cual el conocimiento no existiría en absoluto. Así lo reconoció Bertrand Russell cuando dijo que, en último extremo, es la consciencia del investigador, y no los sofisticados instrumentos que eventualmente utiliza, lo que de verdad se enfoca sobre las lejanas galaxias para tratar de desentrañar sus secretos. Y es también por esto que Michel Bitbol, un teórico actual de la consciencia que se mantiene básicamente dentro de la tradición fenomenológica, cita literalmente el *Brhadaranyaka Upanishad*:

> Jamás ha sido visto pero es el que ve, jamás ha sido escuchado pero es el que escucha, jamás ha sido pensado pero es el pensador, jamás ha sido conocido pero es el conocedor.[24]

Esta cita de M. Bitbol es sumamente oportuna, ya que los fundadores históricos del movimiento fenomenológico fueron muy parcos en referencias a todo lo que queda fuera de la filosofía occidental, marcando en este punto una diferencia considerable con el gran precursor del enfoque fenomenológico que fue Schopenhauer, quien comienza *El mundo como voluntad y representación* reconociendo su deuda con la tradición védica.[25]

Se puede añadir que el movimiento fenomenológico tiene un contenido esencialmente epistémico, a diferencia del Vedanta, que presupone una ontología y una cosmología, dado que Brahman es lo Real Absoluto, que comprende necesariamente un cosmos múltiple y complejo, cuya forma asume.

La fenomenología fue, pues, una rebelión epistemológica contra el positivismo, que cuestionó el método científico, pero sin entrar en consideraciones ontológicas: el "grito de guerra", no solo de Husserl sino de los fenomenólogos en general, era "*¡a las cosas mismas!*", lo que nos hace preguntarnos si los seguidores de la naciente fenomenología confundían el ser de las cosas con su *aparecer*, o si es que dicha esencia les era indiferente. En contraste, actualmente se detecta una fuerte pulsión de recuperación de la preocupación ontológica. Se plantea de nuevo, reiteradamente, la pregunta *"¿qué es?"*: ¿qué es la consciencia?, ¿qué es la vida?, ¿qué son la materia y la energía en sí mismas, en profundidad?

EL RETORNO DEL PANPSIQUISMO

Vamos a ocuparnos ya del notable retorno del *panpsiquismo* que se está produciendo y que reúne a un importante grupo de pensadores, algo que era impensable hace apenas unos años. Pues no solo está Chalmers, que es un panpsiquista que plantea la exigencia de que las entidades conscientes sean portadoras de información, sino que hay muchos más que no exigen tal cosa y que aportan matices diversos.

El panpsiquismo nos remite al origen mismo del filosofar occidental, a Tales de Mileto y su "todo está lleno de dioses", y supone admitir que una *experiencialidad* básica, una capacidad de sentir y percibir que podemos, en el límite, concebir como posible, pero no llegar realmente a imaginar, está presente hasta en "lo más elemental" de la Naturaleza. No hace falta precisar más lo que se entiende por esto... ¿Las partículas elementales? Tal vez ni siquiera existen como cosas separadas y son simples proyecciones de la necesidad del tecno-cientifismo de poder contar y recontar elementos cuantificables para tener la capacidad de manipularlos. Quizás se trata más bien de ondas, campos, energías fluyentes que se arremolinan, y esos remolinos son focos de consciencia que *se viven a sí mismos* y que, al mismo tiempo, *son percibidos como objetos* por los demás focos de consciencia. Era lo que creía Whitehead. Lo Uno solo tiene experiencia de Sí Mismo, mientras que la Multiplicidad, que surge a partir de una Manifestación (o "cosmificación") de ese mismo Uno, da nacimiento a los puntos de vista y a la objetivación, y es por eso por lo que Leibniz otorgó percepción a sus mónadas.

Giordano Bruno fue un ferviente panpsiquista que seguía la tradición animista del hermetismo y la alquimia. En cuanto a Leibniz, su *Monadología,* pese a que no carece de puentes con esas tradiciones *malditas,* puede ser considerada también como el primer ensayo sobre panpsiquismo de la época moderna. "Los verdaderos átomos de la Naturaleza", como el filósofo define de entrada a las mónadas, poseen *percepción* y no son almas separadas de sus cuerpos, como creían Platón y Descartes. Es la sustancia misma de las mónadas la que implica esa percepción que presupone subjetividad. Esto lo reafirma con su metáfora del autómata dotado de percepción, que "sería inexplicable por razones mecánicas, es decir por las figuras y los movimientos, por lo que habrá que buscar esa explicación en la sustancia simple y no en lo compuesto o máquina".[26]

Al ser cada interioridad monádica inaccesible a las demás, y estar por tanto encerrada en sí misma, Leibniz describió sus mónadas como "carentes de ventanas". Las concebía, pues, como entidades perceptivas, pero también aquejadas de una incomunicabilidad esencial, de un cierto solipsismo.

Junto al problema que se acaba de evocar, las mónadas de Leibniz ponen sobre la mesa otro muy difícil de resolver que presenta el panpsiquismo: el de "la combinación". Si las células poseen protoconsciencias, ¿cómo puede su integración en un organismo complejo permitir que este tenga una única consciencia indivisible y mucho más definida y lúcida, que permite que *se entere* una mente provista de facultades como la comprensión abstracta y la autoconsciencia? La consciencia no es combinable, y si se quiere entender el panpsiquismo como una especie de atomismo de la consciencia, con su correspondiente "química", se corre el riesgo de caer en el absurdo, porque la realidad primaria y *fundante* que es la luz simple de ser no es susceptible de una descomposición atomística.

El panpsiquismo presenta efectivamente problemas que están muy lejos de resolverse, pero no es absurdo, como pretendía Searle en el vivo debate que mantuvo con Chalmers hace tres décadas. Todo lo contrario: posee un potencial explicativo importante cuando nos enfrentamos al enigma que plantea el cerebro (o el sistema nervioso, o el organismo biológico al completo) como "generador" o, más plausiblemente, focalizador de la consciencia. A estas alturas, ni los materialistas más acérrimos sostienen que es directamente el cerebro como víscera –es decir, la materia que lo constituye– lo que produce el pensamiento consciente "como el hígado segrega la bilis". El absurdo de esta afirmación tópica es demasiado obvio. ¿Qué podría ser, entonces? Todo el mundo apunta a los electrones, a las danzas sincronizadas de estos a través de las sinapsis neuronales que forman una red hipercompleja. Efectivamente, a los electrones..., que son quarks, esas partículas/ondas que surgieron, las primeras, justo después del Big Bang. Pero ¿cómo podría la neurodinámica que ellos protagonizan permitir la focalización de la *luz de ser* en los humanos y los animales?[27] Eso sería imposible si los electrones fueran *cosas* completamente aconscientes, ya que se trataría entonces de un puro milagro que la razón no sería capaz de explicar en modo alguno. Pero podría llegar a hacerlo (aunque sigue sin ser fácil) admitiendo que el electrón cuenta con una cierta dimensión de subjetividad. Es verdad que esto a nosotros nos resulta inimaginable, pero ¿acaso no lo son también muchos otros rasgos de la física cuántica? De esta surge otra posibilidad: que los electrones no existan como entidades separadas, sino solo sus fluyentes interconexiones. Y esto nos lleva a la concepción genial de Whitehead.

LOS REMOLINOS SINTIENTES DE WHITEHEAD

Hace cerca de un siglo, Alfred North Whitehead sembró una semilla que tardó décadas en fructificar (y que aún no lo ha hecho del todo). Su *filosofía del proceso* se puede entender como un panpsiquismo de la energía. Según él, los remolinos energéticos que continuamente se forman y se deshacen en nuestro universo en devenir –los innumerables *acontecimientos elementales* que sin cesar tienen lugar en él– son al mismo tiempo *focos de experiencia*. Y **eso** somos nosotros y lo es **todo**, empezando por las partículas elementales que nacieron nanosegundos después del surgimiento de ese gigantesco manantial de energía que conocemos como el Big Bang.

Cien años después de Whitehead y setenta después de Teilhard de Chardin, cuyo panpsiquismo[28] se basa en la idea de un universo originario de extrema pluralidad, en el que todo eran partículas que contaban con protoconsciencias,[29] en el siglo XXI estamos asistiendo, como ya se ha dicho, a un nuevo florecimiento del panpsiquismo. Ello no obsta para que esta concepción esté sometida a una crítica severa, y no faltan motivos para ello, pero en todo caso este renacer de una idea que se daba por muerta y enterrada revela algo: que la gente está harta de escuchar que no hay más que vacío y muerte a nuestro alrededor, que nos rodea una ausencia absoluta de alma (palabra prohibida y ridiculizada), y que defender el reencantamiento de la Naturaleza no es más que una ingenuidad romántica, por mucho que fuera el Nobel Ilya Prigogine –junto a Isabel Stengers– quien lo planteara.[30]

EL AUTÉNTICO MISTERIO ES LA MATERIA

Un *fisicalismo* completado por la inclusión de la dimensión esencial de la consciencia, que la física convencional no reconoce, es lo que propone el panpsiquista Galen Strawson. Considero, por mi parte, muy necesario defender la realidad total de la *fisis*, que incluye la consciencia, mostrando con rotundidad que el cuadro que de ella nos presenta el cientifismo materialista es escandalosamente incompleto.[31] De todo lo que dice Strawson, para mí lo más destacable son dos cosas. La primera es su afirmación tajante de que lo verdaderamente misterioso no es la consciencia sino la materia, porque ¿cómo va a ser un misterio algo cuya esencia conocemos todos de forma inmediata? Pues, si existe un *en-sí* accesible, este es el *en-mí de la luz de ser*, lo que nos permite experimentar cuanto sentimos, pensamos, percibimos y soñamos (y en suma vivir nuestras vidas). Sin embargo, la materia *es percibida* exteriormente: también la de nuestro cuerpo, y las materias gris y blanca del cerebro. La materia, y todo lo que es material, se nos presenta *fenoménicamente*.

Los materialistas dan por descontado que, como sustrato universal capaz de explicarlo todo, la materia (o cualquier otra realidad física *ciega* que cumpla su papel) aun conteniendo todavía enigmas por desvelar, carece de misterio, dado que no está contaminada por el molesto fantasma de la consciencia. Pero la física cuántica lleva ya más de un siglo importunándoles, y por si fuera poco la fenomenología ha puesto en evidencia su extrema debilidad de fondo. De hecho, la afirmación de Strawson que acabo de citar coincide –quizás incluso sin él quererlo– con el planteamiento central de la fenomenología; a saber, que absolutamente todo lo conocemos en la consciencia, que es la precondición de cualquier conocimiento del mundo y sus objetos, cuya captación, seguida por la interpretación y puesta en contexto que lleva a cabo la mente (ese *instrumento*), da nacimiento a los protagonistas de la fenomenología: los fenómenos. Y es asimismo un hecho que de la esencia última de la materia, puro fenómeno, no sabemos nada. La materia "ahí está" y hace esto y aquello. Con eso les basta a los científicos, que se limitan a estudiar su comportamiento. Eso es la mecánica, de la que deriva el término "mecanicismo". Pero no puede bastarle a ningún filósofo digno de tal nombre, pues la indagación del **ser** es irrenunciable en el filosofar genuino. Y sí que lo conocemos... Sí que conocemos el ser. ¿Cómo? En nosotros mismos. Es... *esta luz*.

El segundo punto que considero especialmente importante en Strawson es que su panpsiquismo, como el de Whitehead, se enfoca sobre la energía. Desde Einstein, sí que sabemos algo acerca de la esencia de la materia, aunque solo a un nivel intermedio: sabemos que es **energía**. "Pero ¿qué es esa energía?", se pregunta Strawson. Y su respuesta es que, verosímilmente, es consciencia *vista por el lado reverso*. En uno de sus ensayos dice literalmente que como todo lo que podemos reconocer de manera tangible es de carácter físico, y todos los fenómenos físicos no son otra cosa que formas de energía, la naturaleza intrínseca de esta tiene que ser necesariamente experiencial (teniendo en cuenta, por añadidura, que lo experiencial existe de manera concreta en el universo, dado que estamos nosotros, que formamos parte de él).[32]

El célebre biólogo heterodoxo Rupert Sheldrake también participa activamente en el debate occidental sobre la consciencia. Él, junto con otros investigadores, propone no limitar el panpsiquismo a las escalas "micro" y abrirse a la posibilidad de que sistemas físicos de gigantescas magnitudes también posean interioridad, sintiencia y hasta mente. Sheldrake aboga, en suma, por un reencantamiento pleno de la naturaleza, y cree que lo que lo hace posible son los campos energéticos[33] debido a su carácter dinámico y holístico.[34] Serían, pues, estos, más que las partículas, los que tienen la clave de la presencia de consciencia en entidades-sistemas energéticamente activos de magnitudes astronómicas, y pone como ejemplo al Sol, cuya rica y compleja dinámica energética le lleva a pensar que puede ser consciente.[35] Giordano Bruno se reencarna en Sheldrake.

LA EMERGENCIA IMPOSIBLE

Importa mucho subrayar la relevancia que están alcanzando las tesis panpsiquistas –o panexperiencialistas– en el intenso debate actual sobre la consciencia. La irracionalidad evidente que implica tanto negarla (*!*) como hacerla emerger de una materia carente del menor rastro de ella empuja a buscar alternativas coherentes, y esto es lo que hace el amplio elenco de pensadores que apuestan hoy por una explicación panpsíquica. "Ninguna cosa puede surgir de algo que no tenga absolutamente nada que ver con ella" es una sentencia spinociana de difícil refutación,[36] y aquí puede ser útil recordar el ejemplo, frecuentemente expuesto, de cómo se produce una emergencia real: la del agua a partir de los gases hidrógeno y oxígeno que la constituyen, siendo así que las propiedades del llamado líquido elemento no se parecen en nada a las que caracterizan a los dos elementos químicos que se combinan para formar su molécula. ¿No es esta emergencia otro milagro más? No, y vamos a ver por qué. Los átomos de hidrógeno y oxígeno se combinan gracias a su capacidad de compartir electrones. Y, una vez producida esa combinación, las moléculas de agua (H_2O) forman cadenas debido a su carácter bipolar, en lugar de permanecer aisladas (lo que solo sucede cuando el agua se mantiene en estado gaseoso). Esas cadenas tienden a adherirse, a causa de las débiles fuerzas de Van der Waals, que son asimismo de naturaleza eléctrica, lo cual no les impide mantener la capacidad de deslizarse entre ellas. Es así como emerge el agua líquida. Está claro que el resultado final del surgimiento de una realidad física, el agua, de propiedades muy distintas a las de los dos elementos gaseosos que se combinan, llega al término de un proceso en el que participan sustancias que son tan materiales como el agua misma, y es evidente asimismo que solamente entran en juego propiedades fisicoquímicas que ya estaban presentes en el hidrógeno y en el oxígeno. Emerge, pues, una cosa que es del mismo orden de realidad que las sustancias que la generan, pero no hay nada semejante que permita entender la aparición de la consciencia como una propiedad que emerge de la materia ciega. Nos topamos aquí con una diferencia literalmente *óntica*, más que ontológica: la diferencia abismal que existe entre el orden de la subjetividad y el orden de los objetos; en una palabra, entre dos *modos de ser* absolutamente inconmensurables: ver, tocar, sentir, observar, vivir experiencias *versus* "estar ahí" sin el menor rastro de vida subjetiva.[37] Sin embargo, numerosos racionalistas no captan la radicalidad de esta distinción... Se ha señalado que debe darse alguna diferencia cerebral significativa entre quienes aprecian de inmediato dicha heterogeneidad insuperable y entienden, además, sin dificultad el *problema fuerte* de la consciencia y aquellos otros que son incapaces de entender tales cosas. El predominio de estos últimos en el mundo científico y académico explica la *rebelión* de una proporción considerable de personas inteligentes que se niegan a permanecer secuestradas por quienes tienen una concepción del mundo que ignora la consciencia o intenta contornearla como algo peyorativamente místico o esotérico.

En ocasiones, la literatura y el cine han evocado la bifurcación entre *aproximación objetivadora* y *experiencialidad directa*. Así, Isaac Asimov, de quien hoy se vuelve a hablar mucho debido a sus anticipadoras referencias a la robótica, en la saga de *La Fundación* establece no una sino dos Fundaciones. La primera, a la que corresponde el máximo protagonismo, se dedica a cultivar el conocimiento científico del universo exterior, y de la segunda se nos dice que está centrada en el conocimiento del mundo psíquico.

La polaridad "tópica" Occidente-Oriente refleja esta bifurcación cognitiva. Si bien contando siempre con el yin-yang ineludible de la presencia del otro principio en el interior de cada uno de los dos, hay que decir que Occidente se orientó básicamente muy pronto a conocer la realidad "por fuera", es decir, el objeto perceptible o pensable, mientras que Oriente se enfocaba en "el dentro": el sujeto, la mente y la consciencia. Cada uno de esos dos enfoques cognitivos precisa de un método distinto, y, al convertirse Occidente en el hemisferio mundial dominante, el método dirigido a *lo objetual* y basado en la *objetivación*, el método científico, pasó a ser el único admisible, con la consecuencia del rechazo sumario de cualquier propuesta de ampliación, ya que *el objeto* vino a ser considerado el único fin posible de cualquier indagación. Más que de "realidad objetiva" se debería hablar de realidad uniformemente objetualizada: solamente hay objetos, puesto que solo ellos son "objeto del interés científico", y por eso la consciencia tiene que ser un objeto más. Pero, como no se deja objetualizar, se fuerzan el lenguaje y la razón hasta más allá de cualquier límite, o sencillamente se la ignora o se la niega.

El planteamiento explícito, y rico en ejemplos aclaradores, del *problema fuerte de la consciencia* ha puesto en tela de juicio la adecuación del método científico para resolverlo. No son

pocos los científicos y los filósofos prisioneros de su ancila-
ridad con respecto al cientifismo que rechazan indignados
este cuestionamiento sin proponer, por su parte, nada a cam-
bio. Con su cerrada actitud solo aplazan la resolución de un
problema que se niegan a reconocer (o tal vez es que de verdad no son capaces de entenderlo) y ponen todavía más de
relieve la insuficiencia del *método* para explorar la totalidad
de lo real.

Se diría que el Occidente científico no puede salir por sí
solo de la caverna en la que, desde hace ya un buen rato, se
obstina en permanecer.

EL MENSAJE DE LOS ANIMALES

Creo necesario referirme a los animales. Una parte considerable de la sociedad occidental se ha dado cuenta de que
Descartes se equivocó de medio a medio cuando afirmó que
los animales eran autómatas sin sensibilidad ni el menor rastro de vida subjetiva. Y, como ya he dicho en más de una
ocasión, ha sido gente de a pie, más que las élites intelectuales,
la que ha desautorizado al autor del *Discurso del Método*, que
en lo tocante a la maquinalidad de los animales sentó cátedra
durante casi cuatro siglos. ¿Cómo han podido saber personas
comunes y corrientes que *los animales tienen alma*, es decir,
consciencia, vida subjetiva, yendo en contra de los científicos,
los clérigos cristianos y hasta una mayoría de filósofos? Por
sentido común, un sentido que –cuando es genuino– irrigan la
intuición y el amor, que entre sí no están lejos.

Pero hay que añadir que estamos asistiendo a un giro en
el campo científico y filosófico, tan espectacular que se está
tentado de llamarle "la revolución de la consciencia animal".
El Manifiesto de Cambridge de julio de 2012 fue el primero

de una serie a la que ha venido a sumar una pieza más la Declaración de Nueva York sobre la Consciencia Animal, publicada el 19 de abril de 2024, en la que se señala que no solo los mamíferos y las aves, sobre los que se centraba el manifiesto británico y cuya vida subjetiva se asume ya "científicamente" de manera generalizada, sino que "existe evidencia empírica de la posibilidad real de que tengan también experiencia consciente la totalidad de los vertebrados, peces incluidos, así como numerosos invertebrados como los cefalópodos, los crustáceos del grupo de los cangrejos, y los insectos". Repasando las firmas, no solo llama la atención la gran presencia de filósofos, sino también las nuevas disciplinas que aparecen reflejadas: ecología sensorial y conductual, cognición comparativa, conducta y cognición animal, psicobiología, etología evolucionaria, conducta y bienestar animal...

La revolución afectivo-cognitiva de los animales[38] tiene consecuencias que trascienden el marco del mundo animal. La asunción, finalmente también científica, de que *los animales son seres y no "cosas"* implica la inversión de una tendencia que se mantenía desde hacía varios siglos. Es como si los animales le hubiesen lanzado un rotundo *"¡hasta aquí hemos llegado!"* a la marea ascendente de desencantamiento de la Naturaleza, que no parecía tener ningún techo. Porque *si ellos son seres con interioridad* (seres-consciencia, por retomar mi propia terminología) *vuelve el animismo,*[39] puesto que al menos ellos son lo que su nombre proclamaba desde siempre: seres de alma; y asumir esto supone la caída del gran tabú. ¿Qué pasa con las plantas? ¿Y con ecosistemas como las selvas o los océanos? ¿Seguro que solo la versión débil de Gaia es la correcta? Tenían buenos motivos los científicos duros en enfrentarse a Lovelock y rechazar, airados, el nombre mitológico que dio a su nueva/ancestral visión de la Tierra, porque, en efecto, algo podía volver a entrar por ahí. Creo que los animales han terminado de abrir esa puerta.

La vida de verdad, la que no es mecánica e implica consciencia, ha regresado; y este retorno remite a un panpsiquismo, al menos de lo orgánico. Viene prácticamente dado, porque nadie sabe dónde se detiene el descenso de la subjetividad en la escala de la vida. Se ha creído que la frontera podría marcarla la emergencia de unos sistemas nerviosos rudimentarios, pero esta opinión se está debilitando rápidamente, ante la evidencia de comportamientos cognitivos –y afectivos y empáticos– en ecosistemas esencialmente vegetales, como las selvas y los bosques. Hoy, la tendencia apunta claramente en el sentido de dar la razón a Schrödinger, que en el epílogo de ¿Qué es la vida? da a entender claramente que la biología no puede reducirse a metabolismo más replicación –que es de lo que trata el *corpus* de su genial opúsculo– porque en ese cuadro falta el "pequeño detalle" de la consciencia.

El reconocimiento reciente por el mundo científico de la consciencia de los animales ha abierto una grieta en el fundamentalismo del *método*. Pues, aunque cabe aducir que estudios neurológicos plenamente científicos han sido decisivos para alcanzar la conclusión de que los animales son seres conscientes, no está nada claro que se hubiese llegado a ese reconocimiento si no hubiese intervenido, además, una importante componente de *inteligencia afectiva*. El caso de Jane Goodall es sumamente ilustrativo. Y la revolución cognitiva que dicha asunción ha supuesto pone en valor, ante todo, la dimensión de subjetividad que esos seres comparten con nosotros. Como resultado, nacen nuevas disciplinas académicas que toman esto como punto de partida; y se está esbozando una retroalimentación comunicacional animal-ser humano que no se conocía en tierras occidentales desde el

Paleolítico.[40] Además, el tema de la consciencia –en general– gana fuerza, al dejarse atrás el *solipsismo antrópico* gracias al reconocimiento de que la vida subjetiva no se limita a la especie humana. Lo que tiene como consecuencia recuperar (y reforzar) la antiquísima intuición[41] de que la consciencia es un componente esencial de la Naturaleza.

Asimismo, el reconocimiento de la consciencia y el psiquismo animal, en el que la inteligencia afectiva juega un papel innegable, está dejando meridianamente claro que el "conocer para manipular" del tecnocientifismo no es *conocer para comprender*. Aquí procede citar de nuevo a Innerarity:

> Se da un profundo desconocimiento acerca de lo que significa el saber y de su utilidad social última. El saber es más que información con utilidad inmediata; es una forma de apropiación del mundo, comprensión y juicio. Sin reelaboración y apropiación subjetiva en términos de comprensión, la mayor parte de las informaciones se quedan como algo meramente exterior.[42]

Enterarse de que los animales no son máquinas, es decir, objetos sin vida subjetiva, no tiene una "utilidad inmediata"; es más, puede acabar teniendo como consecuencia a largo plazo el que se ponga fin al siniestro engranaje industrial para el que no son más que "cosas". Pero claro que implica *comprensión*... Y quién sabe si esa comprensión no nos salvará a todos. No solo a ellos, también a nosotros.

LA MENTE
Y LA CONSCIENCIA.
ENFOQUES ÍNDICOS

Las vías espirituales y filosofías indias forman un auténtico cosmos. En este ensayo me enfoco especialmente sobre dos de ellas que pertenecen a la tradición específicamente hindú: el Vedanta advaita y el Samkhya. Pero creo necesario decir antes una palabra sobre ese cosmos que nació en el vasto territorio de la India histórica.[43]

Los cuatro Vedas[44] son, en conjunto, la referencia fundamental de lo que, desde no más allá de comienzos del siglo XIX, se conoce como hinduismo. En lo que sería su "ortodoxia" (*astika*), que no consiste en otra cosa que admitir los Vedas como la máxima fuente escritural de referencia, se distinguen seis *dárshanas* o corrientes,[45] si bien solo dos de ellas, el Mimamsa y el Vedanta, se basan directamente en las escrituras védicas: el Mimamsa, en la parte ritual, y el Vedanta en su núcleo filosófico-místico: las Upanishad. Fuera del hinduismo están las filosofías *nastika*, que no reconocen la autoridad de los Vedas. Se trata de la corriente materialista carvaka, el jainismo y el budismo, a los que quizás habría que añadir el sikhismo e incluso las religiones no nacidas en la India que han alcanzado históricamente una importante implantación: el islam principalmente y, a mucha distancia, el zoroastrismo, el cristianismo y el judaísmo. Lo que se conoce como neohinduísmo también debe ser mencionado, ya que, junto con el budismo, juega un papel muy importante en las búsquedas espirituales del tiempo actual.

¿El referido cosmos es un mosaico de religiones? No exactamente. Porque religiones propiamente dichas, con todos los atributos que se les reconocen en Occidente y Oriente Medio, lo son únicamente las abrahámicas, pues solo ellas tienen unos credos cuya aceptación es obligatoria para sus fieles o creyentes. Y este no es el caso de las espiritualidades indias autóctonas. Digamos que en ellas no hay "creyentes", nadie se salva o se condena por "no tener fe"; lo que importa es la mayor o menor cercanía o alejamiento de la culminación de una liberación espiritual hacia la que se camina siguiendo cada uno su *dharma*, es decir, siendo en profundidad fiel a sí mismo, lo cual lleva implícitas virtudes como la honestidad, el amor a la verdad y la compasión.

Como ya he señalado, Edgar Morin se dio cuenta, hace alrededor de medio siglo, de que la inteligencia humana, reducida a la *res cogitans* cartesiana, es decir, al aspecto estrictamente racional, es equiparable a las funciones que realizan los ordenadores (y queda entendido que se refería a las que estos eran capaces de realizar en los años setenta y ochenta del siglo pasado). Lo deja clarísimo en el tercer tomo de *El Método* y vuelve brevemente sobre el tema en el tomo quinto (*La humanidad de la humanidad*). Pero echo en falta algo en la obra del gran maestro de la complejidad: mientras que menciona el Tao, no hace lo mismo con las intuiciones hindúes esenciales. Quizás sea porque el mensaje último que estas transmiten supone un retorno a lo simple: Brahman/Atman/Consciencia es la pura simplicidad no dual de la Raíz Absoluta.

Este ensayo nace con la voluntad de contribuir a superar la confusión entre la mente (entendida como idéntica al pensamiento) y la consciencia que, desde hace mucho, se viene dando en Occidente. Una confusión que ha aumentado a partir de las especulaciones que surgieron, desde Turing, acerca del alcance potencial de los productos de la informática, y que hoy se extrema con el paso al primer plano de la Inteligencia Artificial (IA).

Y se plantea aquí la pregunta de si en la India se ha alcanzado una comprensión más clara que en Occidente de lo que es el pensamiento, de lo que es la consciencia, y de la diferencia –y la relación– entre ambas realidades, y si, en consecuencia, tienen las tradiciones filosóficas índicas una palabra clarificadora que pronunciar sobre la denominada Inteligencia Artificial.

Mirándolo de manera ecuánime, cabe concluir que la respuesta es un rotundo sí.

¿Qué tienen que decir las principales filosofías indias al respecto? ¿Qué tienen que decir, en concreto, el Samkhya y el Vedanta?

SAMKHYA: LA MENTE ES MATERIAL, PERO NO LO ES TODO

En particular, el *dárshana* o corriente de pensamiento Samkhya ofrece una respuesta coherente a los problemas cognitivos, antropológicos y ontológicos que la Inteligencia Artificial pone hoy sobre la mesa. La base de esa filosofía es la propuesta de un dualismo irreductible entre consciencia (*purusha*) y materia en sentido amplio (*prakriti*). A cualquier *vedantin* este dualismo le resulta altamente problemático, pero antes de hacerme eco de esas críticas procederé a explicar en qué consisten tanto este como los demás posicionamientos fundamentales del Samkhya.

- El "masculino" *purusha* es consciencia pura. Su identidad con el *atman* védico sería completa de no ser por dos postulados samkhyanos. El primero, que no hay un solo Purusha sino una infinidad de mónadas "purúshicas", como las de Leibniz y como las almas platónicas y las que postula el cristianismo. El segundo es que queda flotando la duda acerca de la identidad del Purusha con el Brahman; e incluso, a veces, el concepto mismo de Brahman se tiende a dejar a un lado, lo que concuerda bastante con el ateísmo que se atribuye al fundador del Samkhya, Kapila (siglos VI-V a. C.)

- La "femenina" *prakriti* es el principio de lo material; la materia tangible es uno de sus modos, pero no el único. Se define tanto por su plena realidad (ya que no es algo ilusorio en último extremo, como en el Vedanta advaita) como por ser completamente ajena a la consciencia,[46] si bien es necesaria para la conformación de los instrumentos que permiten la presencia de esta en el ser humano, los animales y la totalidad del mundo vivo. Así pues, Prakriti proporciona los soportes corpóreos imprescindibles para que el Purusha / Atman pueda vivir vidas en un universo espaciotemporal.

Podríamos asumir que el Samkhya es una corriente filosófica más cercana que el Vedanta a las filosofías que predominan en Occidente, e incluso en cierto modo se la puede considerar bastante racionalista, si bien se señala que con el paso del tiempo sus diferencias con el Vedanta se han ido atenuando, sobre todo a consecuencia de su convergencia con la corriente de los Yogas (Patañjali). De hecho, de las duras descalificaciones de los que el Samkhya fue objeto por parte de Samkara, se ha pasado a unos intercambios bastante fluidos entre las dos corrientes. De modo que Purusha y Atman tienden hoy a identificarse, si bien el realismo de tendencia dualista y pluralista del Samkhya tradicional –que, desde luego, cuenta todavía con seguidores estrictos– sigue contrastando con la concepción advaita de *lo Uno-sin-segundo*, Aquello que para ser verdaderamente Uno tiene que abarcar también lo múltiple y mudable, es decir, un universo al que ha dado nacimiento *Maya-Shakti*, el aspecto femenino, erótico-energético y lúdico de Brahman.

Pero ¿hasta dónde llega "lo material" para el Samkhya? Esta es una pregunta clave. Y la respuesta es que alcanza, desde luego, la mente, y llega a abarcar la totalidad del aparato cognitivo por debajo del Purusha.

Quizá algún lector pensará que el Samkhya sostiene que "el alma es el cerebro", como el materialismo occidental, pero no, no es eso. Cuando en el Samkhya se habla de la mente se tiene muy claro que en todo momento se permanece en el terreno de lo experiencial. Y, fiel a su nombre (ya que el término "Samkhya" alude a lo que queda completa y detalladamente enumerado), esta corriente filosófica distingue cuidadosamente varios niveles en ella. Concretamente tres. Los siguientes, en sentido descendente:

1. *Buddhi*. El nivel más elevado de la mente. Es el que establece el nexo con el *purusha*, el espíritu.
2. *Ahamkara*. El ego psicológico.
3. *Manas*. La mente cogitante.

Una importante diferencia del dualismo samkhyano con el cartesiano, por un lado, y con el monismo materialista que impregna el cientifismo occidental, por otro, es que la consciencia (*purusha*), que aterriza en el mundo –y, al hacerlo, lo define como tal– mediante una mente de naturaleza material, es, por el contrario, completamente inmaterial e inconmensurable con la materia, sea cual sea la densidad o sutileza de esta, dado que es *pura consciencia*. El Purusha es Espíritu, luz pura contemplativa, el Testigo Silencioso, exactamente igual que el Atman en el Vedanta.

Como Prakriti, la materia *samkhyana* en todas sus formas es ajena a la luz de la consciencia, de ello se sigue que el Samkhya no apoya ninguna clase de panpsiquismo, al que estaría más abierto el Vedanta. Pero ¿qué clase de materia, al tiempo aconsciente y "no grosera", puede ser esa de la que está hecha la mente?

Pueden ser los bytes, los átomos de la informática.

Tal como *manas* es descrito, me parece claro que la sustancia material de la que estaría hecho se corresponde bien con la "materia-base" de la informática. Se nos dice que *manas* tiene una doble función, cognitiva y activa. Cognitiva, porque clasifica y categoriza los datos brutos procedentes de los sentidos, y porque reúne la información sensorial y la somete a una criba analítica para conectarla con categorías y conceptos almacenados en alguna clase de memoria, volviéndola así inteligible. ¿No hacen esto mismo los ordenadores? ¿Y no es así como funcionan las "inteligencias artificiales"?

Ahamkara, el ego, le proporciona un centro a nuestro aparato psíquico, que permea la luz del *purusha*, el verdadero sí-mismo en ausencia del cual ningún ser humano sería tal ser. *Ahamkara es el yo que uno cree ser*, la identidad ilusoria a la que uno se aferra con tal fuerza que se olvida de su ser verdadero, cuya luz esencial *inmediata* se tiende a considerar trivial, algo que "por supuesto" está ahí todo el tiempo, sin que ni siquiera se le preste atención, deslumbrados por lo que nos muestran los sentidos y por las interpretaciones del *manas*.

El tercer escalón, *Buddhi*, es otra cosa. Si hoy la tecnología permite fabricar imitaciones de *manas* desprovistas de consciencia (eso son las IAs), e incluso si llega a dotarlas de una función centralizadora que cumpla en modo aconsciente un papel integrador equiparable al del ego psicológico, conseguir que sus máquinas tengan *buddhi* está completamente fuera de su alcance. No hay *buddhi* sin consciencia, porque *buddhi* no es otra cosa que la inmediata preparación al *acto de comprender*, que se lleva a cabo a través de la facultad de **la intuición**, que implica *contemplación* por la consciencia misma, llámesele *purusha*, *atman* o como se quiera.

Buddhi, haciendo de puente o de canal entre la mente y nuestro ser auténtico –la luz inmutable de la subjetividad– presenta lo fenoménico a este, que es el que *se entera* de "las cosas".[47]

Por encima de un remedo funcional del ego, cualquier IA –una "función pensamiento" o un *manas* artificial– se topa con algo que la supera y le es totalmente ajeno.

El esquema que propone el Samkhya es esclarecedor en relación a la última producción de la tecnología informática, que nos tiene mitad por mitad fascinados y atemorizados. Para una Inteligencia Artificial, incluso de sofisticación máxima, dicho esquema se queda reducido a dos niveles: el manásico y el (pseudo)egoico. Por encima no hay nada. Un referente literario sugerente son los "hombres de negro" de la novela *Momo*, de Michael Ende, que remiten a una nada insondable a quienes los miran a los ojos.

Sin embargo, puede surgir una crítica, que creo conveniente exponer. Al ser el Samkhya tan enumerativo y clasificatorio, se le podría escapar algo importante: acaso que la realidad no puede analizarse en exceso, y que, siendo esto una verdad general, lo es al cuadrado tratándose de lo psíquico o anímico. El esquema anterior puede ser esencialmente correcto, pero seguro que los distintos niveles de la mente no están tan rígidamente apilados como se presentan en él, casi como si fueran compartimentos estancos. No pueden serlo, tratándose de la mente humana, que cuenta con ese *buddhi* que la vincula al Purusha: la *luz de ser* que, además, está intrínsecamente presente en las emociones así como en las sensaciones corporales. No todo es algorítmico… y tampoco lo es la mente en sentido amplio, de modo que el esquema del Samkhya, tomado al pie de la letra, podría resultar insuficiente para dar cuenta del carácter holístico de toda mente humana saludable por mucho que cuente con un aspecto algorítmico susceptible de ser reproducido por los dispositivos informáticos. De hecho, con el cuerpo humano pasa algo parecido: su comportamiento global no es mecánico sino holístico, y mantiene además una estrecha relación con el psiquismo; no obstante lo cual cuenta con componentes mecánicas, como nuestras extremidades, sin ir más lejos.

VEDANTA: EL SER LO ES TODO (Y *ESO* ERES TÚ)

El Vedanta advaita es, sin ningún género de duda, el gran referente en orden a entender lo que es la consciencia, y yo diría que hoy lo es a nivel universal.

El Vedanta advaita es sintético-visual, no analítico como el Samkhya. Implica VER CLARAMENTE en el interior de cada uno, una realidad absolutamente indudable que, en el fondo, es la misma que captó Descartes en su *cogito,* pero a la que no se puede llamar "pensamiento" porque no es pensamiento: subyace a este cuando pensamos, como subyace a cualquier emoción cuando la sentimos o a la sensación de "color azul" cuando miramos el cielo. Es el **Atman**, el Testigo omnipresente llamado *Purusha* en el Samkhya.

Por cierto, el Vedanta deja gustosamente al Samkhya la tarea de analizar y describir en detalle los medios que permiten al Ser Uno (Brahman) vivir vidas en modo *jiva,*[48] en un mundo espaciotemporal que no es sino un modo o forma que Él adopta.

Las Upanishad, corazón filosófico-místico del Vedanta, señalan cuál es el zócalo más profundo del ser humano y de todo lo viviente: *la luz de ser* (y *del Ser*). Esa luz, la de la pura consciencia, es la única realidad indudable. Es lo real absoluto, puesto que *absoluta es **toda** experiencia,* ya que cualquiera de ellas, hasta la más trivial, implica la vivencia directa de ser. Y *Eso* (*Tat!*) eres TÚ, lector, ESTA LUZ inmutable que descubres[49] en cuanto consigues calmar el torbellino de tus pensamientos y mirar serenamente dentro de ti. *Eso, la pura consciencia,* es la condición necesaria del sujeto, para el que hay objetos de conocimiento: los fenómenos.

ESO ERES TÚ (*Tat Tvam Asi*), se repite una y otra vez en la *Chandogya Upanishad.* El sabio místico que lo redactó tuvo necesariamente que dejar de lado, en algún momento, el pensamiento lógico y discursivo para limitarse a contemplar las profundidades de sí mismo. ¿Y qué encontró? Solamente la luminosidad de ser. Ser, sencillamente ser. ¿Fue eso un arrebato místico o un descubrimiento científico? Yo diría que ambas cosas.

Vayamos a las fuentes originales. Basta con la parte esencial de la *Chandogya Upanishad,* en la que un sabio progenitor llamado Uddalaka instruye a su hijo, Svetaketu, ante la sospecha de que el maestro que le había buscado pudiera no haberle transmitido lo más fundamental del conocimiento. El padre interroga así a su hijo: "¿Alguna vez has sido instruido acerca de escuchar lo que nadie escucha, percibir lo que nadie percibe, saber lo que no puede ser conocido?". Desconcertado, Svetaketu pregunta qué instrucción es esa, y Uddalaka inicia a partir de ahí una larga plática en la que aporta numerosos ejemplos de las sustancias que son, en último extremo, lo verdaderamente esencial de una gran cantidad de cosas.[50] Tras hacer esto, le dice:

> Pues [ya ves] que de todo es su sustrato el Ser (*sat*) ya que, querido hijo, todas estas criaturas tienen su raíz en el Ser, moran en el Ser y reposan finalmente en el Ser.

Y le repite varias veces: "Eso es lo verdadero. Eso es el Ser. Eso, Svetaketu, Eso eres tú."

¿Qué significado tiene la extraña pregunta que Uddalaka formula a su hijo? Lo que ya se ha dicho: aquello que no es escuchado por nadie es el sujeto que está escuchando; lo que no es visto por nadie es el sujeto que está viendo; lo que no puede ser conocido es el conocedor mismo. Porque el sujeto no es un objeto. En toda la literatura védica esto está meridianamente claro.[51] Es el abecé. Alguien muy joven, casi un niño, como Svetaketu, puede entenderlo.

En palabras de un *advaitin* contemporáneo: "ESO que usted no conoce ni puede conocer [*como se conoce una "cosa"*] es su verdadero ser, y lo que usted cree que es, porque puede objetivarse ante usted y los demás, es solo lo que usted cree ser".[52]

Tengo que referirme a Samkara, el pensador y místico que, históricamente, más contribuyó al conocimiento y asimilación del núcleo esencial del Vedanta, hasta tal punto que algunos le consideran el iniciador de la corriente advaita. Según los datos con los que se cuenta, Samkaracharya, como también se le conoce, vivió una vida corta a la par que intensamente creativa, entre finales del siglo VII y comienzos del VIII de nuestra era.

En un breve período, ya que Samkara solo vivió treinta y dos años, no solo alcanzó a conocer en profundidad las Upanishad, de las que escribió imborrables comentarios, sino que comentó otros importantes textos de la sabiduría védica, como la *Bhagavad Gita*, y redactó además los *Brahmasutra*. Y, por encima de todo, vivió la experiencia esencial de que hablan las Upanishad: la de la identidad del fondo consciente de todo ser viviente con lo Absoluto / el brahman. En su ensayo sobre el pensamiento de Samkara titulado *La ilusión fecunda*, Òscar Pujol deja muy claro este punto, sin duda el fundamental:

> Según la lectura de Samkara de las Upanishad, la no-dualidad absoluta (el brahman) coincide con el núcleo más íntimo de la individualidad: el atman, el sí mismo. (...) Es "el alma del alma", el espíritu o la luz del conocimiento interior que nos hace conscientes de nosotros mismos y del mundo. Para el advaitin esta luminosidad interior es ininterrumpida y se manifiesta como pensamiento y percepción en el estado de vigilia, como visión onírica en el estado de sueño y como experiencia de gozo en el estado de sueño profundo. Lo importante para Samkara es que la [pura] conciencia es en sí inmutable, aunque a veces puede ser obstruida por los mecanismos mentales.[53]

Y dice un poco más adelante:

Aun en nuestro modo dual [*de predominio del pensamiento*] jamás dejamos de ver el *brahman* no dual, aunque no lo reconozcamos como tal.[54]

"¿Acaso no estás gustando ahora esta fruta?", le preguntó el maestro al discípulo que quería saber cómo podía alcanzar la iluminación. ¿Es que la luz de la consciencia –eso que insisto en llamar *la luz de ser*– no está ahí todo el tiempo, detrás de todas nuestras experiencias, hasta las más triviales y las que vivimos en sueños?

Conviene prestar atención a las siguientes aseveraciones de Samkara contenidas en el *Brahmasutra-Bhasya*:

1. La Liberación es idéntica al conocimiento del *brahman*.
2. A este conocimiento no se llega a través de un proceso secuencial, sino que es una visión o iluminación.
3. El *brahman* es conocido, o más bien reconocido, como la esencia espiritual genuina del individuo: su consciencia o espacio subjetivo puro que, por así decir, *contempla* de manera silenciosa e inmutable todas sus experiencias.

En el mismo *Brahmasutra*, estructurado en forma de una serie de objeciones de un oponente a las que responde un *vedantin*, encontramos una respuesta que resume bien las enconadas controversias que originaba, en vida de Samkara, la cuestión de la naturaleza de Brahman (o *el brahman*[55]):

[a tu pregunta de si siendo algo bien conocido que el brahman es nuestra consciencia básica, es inútil entonces cultivar el deseo de conocerlo, respondo que...] No, porque hay opiniones en conflicto respecto a lo que es en realidad. La gente común y los materialistas creen que el atman no es sino el cuerpo, dotado él mismo de consciencia. Otros (también materialistas) piensan que el atman son los sentidos, capaces de ser conscientes. Otros piensan que es la mente. Algunos que es solo consciencia momentánea. Otros, que es el vacío. Otros mantienen que hay un alma [individual] distinta del cuerpo, que transmigra y que es tanto agente como sujeto experimentador. Otros sostienen que el atman es solo sujeto experimentador, pero no agente. Algunos insisten en la existencia de un Dios omnisciente y todopoderoso distinto del atman. Otros creen [nosotros los vedantin creemos] que el atman es la consciencia interna del experimentador. Hay, pues, muchas opiniones contrapuestas que se sustentan tanto en argumentos correctos como en falacias. Aceptarlas tal como se presentan, sin un examen crítico, nos alejaría de nuestro objetivo, la liberación.[56]

Aparecen aquí, muy concisamente, las diversas opiniones que contradicen el planteamiento a la vez escritural y experiencial del Vedanta advaita: las procedentes del campo materialista *carvaka*, la del vacío budista, la de la existencia de una mónada individual transmigrante (*jivatman*) del jainismo y el Samkhya, la de un Dios exterior a nosotros, que no es solo la creencia principal de unas religiones semíticas que ya estaban presentes en la India en la época de Samkara, sino que también la tienen algunas filosofías índicas; y finalmente se cita la concepción advaita misma de que el *brahman* es idéntico a la luz inmutable de la consciencia del sujeto empírico (*jiva*), la cual ilumina en permanencia la totalidad de las experiencias de su existencia temporal.

El contradictor del *vedantin* todavía le plantea otra objeción, y es qué sentido tiene entregarse a un trabajoso estudio

de los Vedas si, como se nos dice, el Brahman puede ser conocido, y ni siquiera es tan difícil conseguirlo.

La respuesta tiene especial interés para nosotros: al brahman no se le puede conocer como cualquier otra cosa de las
muchas que vemos (o, más generalmente, percibimos a través
de los sentidos) porque no es un objeto. El modo en que lo
Absoluto es conocido no es empírico, ya que no puede ser
visto, oído, tocado, etc., sino que es inmediato.[57] Su conocimiento se alcanza al reconocerlo como la luz de la consciencia
propia, en tanto que distinta y condición necesaria –siempre
presente– de todos los estados y contenidos de conciencia. Se
le (re)conoce, pues, en cada uno de nosotros, como *atman*.

Mónica Cavallé nos recuerda[58] el pleno acuerdo existente
entre los místicos de Oriente y Occidente, y nos aporta citas
muy significativas, de las que reproduzco tres:

Para que haya [*búsqueda del*] conocimiento [*previamente*]
tiene que haber separación y disarmonía. Lo que usted
es, eso solo puede *serlo*. El único modo de conocerlo es
serlo. (Nisargadatta).
Qué sea Dios, lo ignoramos. Es lo que ni tú ni ninguna
criatura ha sabido jamás antes de haberse convertido en
lo que Él es. (Ángelo Silesio).
La Conciencia de Ser es una experiencia inmediata, más
allá de toda reflexión. (Thomas Merton).

Y se refiere también a Wittgenstein, que, como es sabido,
encontró en la Mística la salida del laberinto en el que acaba
perdiéndose todo pensador que pretende recorrer únicamente los caminos de la Lógica. Suyas son estas sentencias:

El sujeto no pertenece al mundo, sino que es un límite del
mundo.

Hay, ciertamente, lo inexpresable, lo que *se muestra* a sí mismo; esto es lo místico.[59]

LA INTELIGENCIA ARTIFICIAL
Y EL FILOSOFAR ÍNDICO

El cosmos filosófico índico es todo menos homogéneo. Referirse genéricamente a la filosofía india no tiene mucho sentido porque no solo las filosofías indias son numerosísimas, sino que existen diferencias importantes entre ellas. De todos modos, la gran mayoría coinciden en poner en primer plano **al sujeto mismo de toda experiencia**.

En *La experiencia filosófica de la India*, Raimon Panikkar afirma que el filosofar índico entiende "la verdad" como una *presencia* que *se muestra* en el estado de conciencia que lo permite, cuando se accede a él; y no como "la máxima adecuación" de una representación mental a una realidad exterior que es en sí inaccesible. La *inteligencia filosófica* característica de la mayoría de las tradiciones indias está, por tanto, impregnada de *inteligencia mística*.

Cabe señalar, además, un interés considerable por la metafísica, que es transversal y se ha mantenido a lo largo del tiempo, aunque quizás sea menor en el budismo.

Trato de ser honesto, pero no pretendo ser neutral. Mi apuesta es por el advaita, cuyo descubrimiento, experiencial más que teórico, ha sido sumamente importante para mí, aunque "ya estaba ahí" como un horizonte al que me iba aproximando, yo diría que desde siempre. Creo conveniente aclarar esto, porque la corriente Samkhya, en concreto, me resulta problemática en dos aspectos: su dualismo, al postular una *prakriti* o "materia" igual de fundamental que el *purusha* o conciencia pura, y la pluralidad de mónadas en las que esa consciencia se divide y multiplica. Encuentro, sin embargo, enormemente interesante y esclarecedor su esquema de la estructura psíquica del ser-consciencia evolucionado, y este es, por lo demás, de gran ayuda para superar las perplejidades y confusiones en las que se encuentra sumido el pensamiento occidental a consecuencia de la eclosión de la Inteligencia Artificial. Pienso que las divergencias de orden metafísico entre el Samkhya y el Vedanta son irrelevantes cuando de lo que se trata es de superar la tremenda dificultad que existe en Occidente para entender lo que es realmente esa criatura suya denominada "Inteligencia Artificial", y hacerlo dentro del marco de *su* ciencia y *su* filosofía, estando estas, como lo están, severamente condicionadas por una notable pobreza de medios para abordar el orden de realidad de la subjetividad.

MÁS ALLÁ DE LOS VEDAS

Para terminar, voy a referirme brevemente, a título comparativo, a dos corrientes espirituales *nastika* (no seguidoras de la tradición védica): el jainismo y el budismo.

Aunque estas dos importantes líneas de pensamiento y caminar espiritual no se remiten a los textos del Vedanta, hay que tener en cuenta que ambas contienen diversidades internas considerables, y que además las filosofías de raíz índica tienden a dialogar y a influenciarse mutuamente bastante más de lo que es común en Occidente. Empecemos con el jainismo. Su fundación por el sabio conocido como Mahavira, contemporáneo de Siddharta Gautama, fue más bien un hito importante de una tradición que se remontaba a varios siglos atrás. Esta religión-filosofía presenta llamativas similitudes con el Samkhya, ya que, como él, tiene una concepción dualista de la Naturaleza y apuesta por una multiplicidad de mónadas espirituales separadas. Su criterio para establecer una división de la Realidad en dos sustancias inconmensurables es *tener vida o no tenerla*, puesto que todo ser viviente (*jiva*) posee intrínsecamente consciencia. Es así tanto para la lombriz que vive enterrada como para el sabio más excelso, y de ahí el extremo respeto de los jainistas por todo lo viviente y también su voluntad de mantenerse estrictamente fieles a una no violencia (*ahimsa*) radical que implica respetar hasta los *jivas* más insignificantes, como las hormigas y las lombrices.

En el jainismo el término *jiva* se aplica tanto a los seres vivos como a la cualidad de ser consciente que posee todo lo que vive. Dicho en otros términos, la consciencia, de naturaleza estrictamente espiritual, es una propiedad intrínseca de la Vida.[60] En el mundo real (que lo es efectivamente, pues el jainismo es ajeno a la idea védica de *maya*) existe tanto lo *jiva*, vivo y consciente, como lo *ajiva*, aquello que ni está vivo ni tiene consciencia; y es así desde siempre puesto que el universo es eterno al igual que las mónadas espirituales, los innumerables *jivas* sujetos, todos, a un *samsara* permanente de reencarnaciones.

Se ha señalado que, desde sus remotos orígenes, los jainistas han tenido, como el Samkhya, una considerable vocación científica y naturalista. No solo está su interés por el mundo viviente, sino también la demarcación nítida que establecen con respecto a lo que consideran que no tiene vida, que incluiría el espacio, el tiempo, la materia, el movimiento y el reposo (¿no nos recuerda esto una clase magistral de física aristotélica o newtoniana?). Asimismo, en lo que se refiere a la materia, el atomismo que profesan nos hace percibir un eco de Demócrito de Abdera. Y su división dualista entre lo material-aconsciente y la consciencia inmaterial recuerda a Descartes. Por lo que se refiere a la Inteligencia Artificial, el jainismo excluiría, desde luego, que unas máquinas estrictamente materiales pudieran adquirir consciencia, por muy sofisticadas que fueren.

El budismo, lleno de vitalidad y en plena expansión mundial en nuestros días, es internamente muy plural. Es bien conocido su énfasis en *la impermanencia*, que, con sus claras resonancias heraclitianas, es valorado muy positivamente de forma generalizada en nuestras latitudes. Pero se habla poco de una doctrina que extrema la noción de impermanencia, dándole una dimensión más difícil de asumir: la de *anatman* o no existencia de ningún sustrato espiritual estable más allá de la cambiante sucesión de estados de conciencia. Aunque esta posición ha sido –y sigue siendo– muy discutida dentro del budismo, y se le dan distintas interpretaciones que la suavizan o incluso la "descafeínan" por completo, es innegable que existen posturas radicales que la defienden de manera literal. Un referente importante en este sentido es Nagarjuna,[61] que rechazaba taxativamente la realidad de la entidad conocida como *atman* en el Vedanta y como *purusha* en el Samkhya. Así lo manifiesta, por ejemplo, en el texto de su autoría llamado *Mulamadhyamaka*, donde trata de reforzar su posición asegurando que el Buddha enseñó la referida doctrina. Esto último no está documentado.

En mi opinión, la doctrina del *anatman* (no-espíritu) es una consecuencia de la radicalización que el rechazo del Vedanta llegó a alcanzar en el budismo.

Acabaré este capítulo citando de nuevo a Òscar Pujol:

Samkara, siguiendo el rastro de Gaudapada, invierte los términos de la ecuación budista. Si Nagarjuna niega la existencia de un ente esencial e inmutable, Samkara afirma sin remilgos la existencia de lo permanente, escondido detrás de todas las afirmaciones y de todas las negaciones, incluidas las de Nagarjuna. Acepta, al igual que este, la inmutabilidad como criterio de existencia, pero descubre al ser inmutable en el ojo insomne de la consciencia, siempre abierto y siempre atento, testigo impasible de todo lo que es visto. Es la consciencia testimonial, que presta su luminosidad a todas las percepciones y que permite no solo percibir sino saber que percibimos. Es la percepción de la percepción la que finalmente justifica la existencia de ese ojo insomne.[62]

TECNOCIENCIA, ¿UNA SENDA LUMINOSA?

¿Acaso no lo es? Sus logros son grandiosos: en esto hay un general consenso. Desde luego que lo que se puede llamar la senda tecnocientífica es luminosa, pero su luz no es serena, y sus fogonazos e irregularidades proyectan sombras densas y largas que provocan miedo.

Se ha dicho y repetido cientos de veces que los científicos, e incluso la ciencia, perdieron su aureola de casi santidad cuando dos de ellos, Robert Oppenheimer y Albert Einstein (en cuyo genial descubrimiento teórico $E=mc^2$ se basó el primero), aplicaron los nuevos conocimientos sobre la naturaleza a producir muerte indiscriminada y sufrimiento atroz. Era el año 1945, y desde entonces la ciencia y la tecnología comparten con el poder político-militar la responsabilidad de hacer pender sobre la humanidad una pavorosa espada de Damocles.

Y a esto se suma la degradación de todos los ecosistemas, el calentamiento global, la extinción masiva de especies, etc. Los progresos de la medicina han derrotado o hecho retroceder a numerosas enfermedades (aunque aparecen otras nuevas, algunas relacionadas con la destrucción de los hábitats) con la consecuencia de un gran aumento de la esperanza de vida; pero que la población mundial haya pasado en setenta años de 2500 a 8500 millones no puede considerarse una buena noticia, y desde luego no lo es para nuestro planeta ni para las demás especies que lo habitan.

TECHNE DEVORA A *EPISTEME*

Por supuesto que existe en el ser humano un irrefrenable afán de conocer, que entiendo como una extensión del bergsoniano impulso (élan) vital que guía la Evolución, pero cuando, por un lado, este impulso es manipulado por intereses que nada tienen que ver con él, y, por otro, se le superpone una soberbia sin límites que, para satisfacerse, está dispuesta absolutamente a todo, entramos de lleno en el terreno de lo patológico. Pero es que, además, la tecnología se ha independizado en buena medida de la ciencia, y ahí está el caso paradigmático de la informática. Hoy es la tecnología, con su loca carrera hacia delante, la que manda en la ciencia. Y el capitalismo manda en ambas.[63] Hay matices, no obstante... El *summum* lo constituyen las dos tecnologías preferidas por el transhumanismo: la biotecnología y la punta de lanza de la informática que es la inteligencia artificial. Es decir, las dos líneas de despliegue tecnológico con mayor potencial de incidencia en la condición humana.

Hace ahora diez años acababa de terminar *La rebelión de la consciencia*. Era el ninguneo cientificista de la consciencia lo que entonces me sublevaba. Una década después, la incomprensión de la consciencia sigue siendo la tónica dominante en los campos científico y tecnológico, pues, aunque ya no se lleva tanto decir que la consciencia es una ilusión o que no existe, están los que afirman que se la puede trasvasar a un ordenador.

Voy a tratar de fundamentar algo más la explicación de está incomprensión, que guarda estrecha relación con el deslumbramiento acrítico actual de mucha gente por la inteligencia artificial.

Para situarnos, empezaré citando a Richard Tarnas, que en 1991 publicó *La pasión de la mente occidental*, un libro excelente en el que despliega la historia de los caminos que ha seguido en Occidente la búsqueda de *comprensión*. ¿De qué? *De lo esencial*. Es especialmente iluminadora la parte final, en la que el autor profundiza sobre la Modernidad y aborda el tema de la Postmodernidad. Escribe Tarnas:

> El interrogante intelectual de nuestro tiempo reside en saber si el estado actual de profunda irresolución metafísica y epistemológica continuará indefinidamente, adoptando tal vez formas más viables o más radicalmente desorientadoras a medida que pasen los años o las décadas; si es realmente el preludio entrópico de algún desenlace apocalíptico de la historia, o si representa una transición a otra era que traerá una nueva forma de civilización y una nueva cosmovisión con principios e ideales fundamentalmente distintos de los que han impulsado el mundo moderno en su dramática trayectoria.[64]

E incluye a continuación sendas citas de Arnold Toynbee y de Nietzsche, que reproduzco:

> El hombre de hoy se ha percatado de que la historia se ha ido acelerando a un ritmo cada vez mayor. (...) Se ha desvelado retrospectivamente que la aceleración comenzó hace unos 30 000 años, y que ha conocido "grandes saltos adelante". (...) Hoy se siente y se teme la aproximación

del clímax que los profetas previeron intuitivamente como un acontecimiento futuro. Hoy, su inminencia no es un artículo de fe, es un dato de observación y de experiencia.

Toynbee, Encyclopaedia Britannica, voz "Time")

¿Qué hacemos cuando desatamos a esta Tierra de su Sol? ¿Hacia dónde se mueve ahora? ¿Hacia dónde nos movemos nosotros? ¿No nos estamos hundiendo continuamente? ¿Hacia atrás, hacia un lado, hacia delante, en todas direcciones? ¿Hay todavía un arriba o un abajo? ¿No vagamos acaso extraviados como en una nada infinita? ¿No sentimos el aliento del espacio vacío? ¿No hace cada vez más frío? ¿No cae continuamente la noche sobre nosotros?

(F. Nietzsche, La gaya ciencia)

Ha transcurrido un tercio de siglo desde que Tarnas dijo lo que pensaba y añadió estas dos citas; y hoy las profecías parecen aproximarse a su cumplimiento.

Desde que escribió *La pasión de la mente occidental* hemos conocido un aumento notable de la sensación angustiosa de estar atravesando un oscuro canal, de hallarnos en pleno proceso de un parto enormemente difícil que se complica y no acaba de culminar.

En el umbral del nuevo siglo, el 11 de agosto de 1999, ocurrió un evento astronómico que debió ser de interés para el filósofo y astrólogo Tarnas,[65] como interesó igualmente al que esto escribe. Ese día se produjo un eclipse total de Sol cuya sombra recorrió Europa y llegó hasta la India. Esto no es tan extraordinario, pero empieza a llamar la atención si se tiene en cuenta que dicho eclipse formaba una Gran Cruz geométrica perfecta en pleno centro de los signos zodiacales Fijos, desde Leo, donde el eclipse tenía lugar, al planeta Urano, situado justo enfrente (en Acuario), con Marte y Saturno formando la traviesa de la Cruz, entre Tauro (Saturno) y Escorpio (Marte). Desde luego, son necesarias algunas nociones de astrología para entender cabalmente esta configuración, pero basta ahora con señalar que tenía un marcadísimo carácter arquetípico y que fue considerada por mí (y así lo publiqué[66]) como *una señal anticipadora del siglo XXI*, en tanto que período "crucial" para el género humano.

UNA PREGUNTA PERTURBADORA

Una pregunta inquietante que a estas alturas resulta ineludible es: ¿cómo es posible que el camino que debía conducir a la humanidad a la luz, el camino de la ciencia, esté sumiéndola en una desesperanza cada vez más profunda? O al menos así lo perciben muchas personas, y no creo estar exagerando. Más allá de los descubrimientos que amenazan directamente nuestra supervivencia, y ya he citado en primer lugar la energía del átomo, están las manipulaciones genéticas, la invasión de las mentes individuales y el condicionamiento severamente patológico del colectivo humano por las nuevas tecnologías informáticas, la destrucción del medio natural, que no cesa y de la que, en último extremo, es responsable el desarrollo tecnocientífico. Y, por si fuera poco, se está dando una alianza manifiesta entre el tecnocientifismo y los poderes económicos mundiales más oscuros, que se ha hecho más evidente a partir del momento en que la tecnología ha devorado casi por completo a la ciencia.

Hoy mismo (mediados de marzo de 2024) caigo sobre un artículo publicado hace un par de días, cuya parte final refleja perfectamente la angustia que se ha instalado entre nosotros:

La humanidad en pleno se encuentra hoy en el filo de una navaja histórica, social, medioambiental e incluso ética. El mundo tal como lo conocemos pronto podrá ser una página más de un tránsito en la movilidad de una Historia que ha perdido los frenos. Desde mi percepción doméstica y desde una lectura de los procesos políticos, de los progresos científicos, de los peligros de una economía global inestable y casi siempre en crisis, el panorama que oteo me llena de incertidumbre y de un pesimismo histórico que ojalá no tenga más y mejores condiciones para concretarse en un mundo que aún no podemos fijar, pero que quizás incluso nos haga añorar este de hoy, tan imperfecto, pero tal y como lo conocemos.

Leonardo Padura, "El mundo tal y como lo conocemos",
en El País, 17/03/2024

CONTRA LA NATURALEZA Y CONTRA LA VIDA

Este articulista no profundiza en las causas de la situación presente, pero un filósofo cercano a nosotros sí que lo hizo aproximadamente al mismo tiempo que Tarnas publicaba su historia crítica de la filosofía occidental. En 1994, el filósofo catalán Jordi Pigem sacaba, por su parte, un ensayo titulado *La odisea de Occidente* de interés considerable. El mismo contiene un capítulo que, muy especialmente, considero imprescindible releer treinta años después. Dicho capítulo, uno de los centrales, lleva por título "Contra la naturaleza humana", y de él voy a citar varios párrafos a continuación. Se inicia así:

> Después de Freud se ha señalado que el gran tabú de nuestra civilización no es el sexo sino la muerte. (...) No el miedo a la muerte sino el miedo a la vida era para Nietzsche el trauma oculto de Occidente. Señaló que "la historia de la filosofía es una rabia secreta contra las condiciones de la vida", y vio esa rabia no solo en "arrojar basura sobre el sexo" sino, sobre todo, en la voluntad metafísica y mundana de fijar el fluir de la naturaleza; por eso en sus momentos más lúcidos quiso cantar a "la inocencia del devenir". Ahora bien, el miedo al sexo y el miedo a la muerte ¿no son variantes del miedo a la vida? Quien teme al sexo, teme en realidad una de las manifestaciones más elementales de la vida, y, cuanto más se teme a la vida, más se teme a la muerte. Nuestra actitud ante la muerte refleja nuestra actitud ante la vida y forma parte de ella.[67]

¿Por qué tememos tanto a la muerte? ¿Por identificarla con una supuesta nada absoluta, francamente improbable? Más bien por su impenetrable misterio, que desafía a la ciencia *en la misma medida que lo hace la consciencia*, esencia última de la vida; pero, además, porque reconocer que algo es radicalmente misterioso implica tener que renunciar a controlar. ¿Y qué se teme del sexo? La *petite mort*, el abandono, la pérdida de control consciente en el orgasmo; y además, sencillamente, la entrega al pleno goce inocente, como el de los animales (y es por eso por lo que a estos se les mata y tortura, y a aquel se le reprime o se le enfanga con absurdas perversiones que implican sufrimiento y esclavizamiento).

"El ser humano –dice Pigem un poco más adelante– se declara en rebeldía contra su cuerpo y contra la naturaleza". Y añade que corre hacia un futuro en el que definitivamente lo tecnológico habrá sustituido a lo orgánico, y lo controlable a lo vital.[68]

> En nuestro propio cuerpo es donde más inmediatamente se nos manifiesta la vida. El cuerpo es la sede de todo goce, pero también del hambre, la sed y el dolor; es la sede del amor, pero también de las enfermedades y la muerte. El cuerpo es devenir, espontaneidad, riesgo: vida. Y eso da miedo. De ahí nace la voluntad de poder, que es miedo a la vida: se quiere someter el devenir, volverlo controlable.[69]

La rebelión contra el propio cuerpo –*contra natura* literalmente– proyectando sobre él asco, odio y rechazo, es el punto central del programa transhumanista, que había surgido hacía aún poco tiempo cuando se publicó *La odisea de Occidente.* Su desarrollo en las tres décadas transcurridas está ligado, ante todo, al *boom* de la informática y la biotecnología, como ya señalaba Pigem en los años noventa; pero entretanto el tecnocapitalismo ha promovido una versión *progresista*[70] de la susodicha rebelión que ha venido a sumarse: la de la ideología *Queer*, punta de lanza fáctica, de apariencia *light* e igualitaria, del transhumanismo.

"Del mismo modo que la bomba atómica forzó la rendición de Japón, ahora una nueva generación de armas apunta al corazón de la vida: la ingeniería genética es la más destacada, pero ni mucho menos la única. Estamos en la fase crucial de la rebelión contra la vida."[71] Y continúa Pigem interrogándose por los motivos de esta rebelión. La explicación que propone apunta al afán desesperado del hombre por liberarse del *sufrimiento antropológico* que le infringe la separación y aislamiento de la Madre Naturaleza, al que se suma la conciencia angustiada de su mortalidad. Esto viene a coincidir con los padecimientos que serían consecuencia de la *Caída* bíblica, por supuesto entendida de un modo inteligente. Steve Taylor da una interpretación interesante de ella en su ensayo *La Caída*,[72] aunque personalmente apuesto por otra que va más lejos que la suya, tanto temporalmente como en profundidad.[73] Pienso, en resumen, que el tránsito wilberiano de lo *prepersonal* a lo *personal*, producido evolutivamente en el origen mismo de nuestra especie, fue algo tan radical –y, en términos geológicos, tan rápido– que el *pathos* bíblico tenía que ser un resultado prácticamente inevitable. La cuestión es saber si existe alguna posibilidad de corregir (o de revertir, o sanar...) esta *patología hipertélica*,[74] pues de no ser así la misma conducirá inevitablemente a nuestra extinción prematura, a semejanza del *ammonites* del mesozoico, cuya retorcida concha le impedía abandonar su mortal autoconfinamiento. Me parece, por cierto, que el mito cristiano de la Redención originalmente iba por ahí: el amor incondicional lleva a trascender el ego separativo hasta el punto de ser capaz de aceptar el sufrimiento y la muerte, y esto hace que "el pecado original" deje de ser un obstáculo insalvable para la salvación (o la liberación). El *hombre divino* Jesús de Nazareth, desplegando el potencial contenido en *cualquier ser humano*, lleva hasta el final ese proceso. Y he aquí como, aligerado del caparazón oscurecedor del dogma, se puede apreciar la aportación esencial del cristianismo.

Pero ese fondo valioso sufrió un eclipsamiento de siglos cuando el dogma y el poder impositivo sustituyeron al amor y llegaron a anularlo. En un Occidente donde la razón se había revelado ya en el mundo griego, el gran mito-guía surgido en Judea se caracterizó inicialmente por dirigirse esencialmente al corazón, con muy escasa componente intelectual. Que me perdonen los teólogos, pero lo válido del cristianismo no está ni ha estado nunca en la teología, sino en el mensaje directo y conmovedor de entrega a los demás y sacrificio, de amor, en definitiva. En la religión principal históricamente del Occidente racional no hubo nunca mucha racionalidad, por mucho que en su seno haya habido filósofos notables (que, por cierto, al igual que los místicos, nunca lo tuvieron fácil). Pero sí que hubo, en el origen, una poderosa intuición afectiva.

Entonces, en lo que llamamos mundo civilizado ¿dónde ha estado históricamente más presente la inteligencia espiritual de componente cognitivo? Claramente, en la India de la mirada lúcida hacia el propio interior, en la China del Tao, que captó lo Divino Inefable en la Naturaleza, en el hinduizante Neoplatonismo occidental y sus antecedentes... Y no debemos olvidar las comunidades que se mantuvieron al margen de las grandes civilizaciones: los "primitivos", depositarios y guardianes de un *arjé* vital y vivencial expresable únicamente en un modo imaginal, naturalista y simbólico incompatible con las racionalizaciones discursivas.

"El miedo a la vida está detrás de las derivas más erróneas de Occidente", afirmaba lúcidamente Pigem[75], y también lo apuntaba Tarnas. Los dos tenían y tienen razón, como hace un siglo la tenía Bergson, el filósofo por excelencia de la vida y la intuición, que ha sido dura e injustamente descalificado por su insistencia en poner ambas cosas en primer plano.

Volviendo omnipresentes las falsas vidas que imitan las IAs, se trata de "deconstruir" la intuición innata de lo viviente, de atrofiarla hasta anularla. Ahora podemos ver con claridad por qué se descalificaba con tal saña la filosofía de Bergson. Seguramente porque ya se estaba preparando la negación radical de la vida, que pronto se trataría de suplantar por sofisticados ingenios mecánicos desprovistos de consciencia y carentes absolutamente, por tanto, de inteligencia real, sentimientos ni sensibilidad.

> Algo más acerca de la vida... Pienso que el mayor dislate de la ciencia de raíz cartesiana no ha sido (ni es) ignorar la consciencia[76] sino negar la vida. Ignorar, o aun negar, la consciencia es ceguera, pero negar la vida va más allá, puesto que tiene consecuencias éticas de enorme calado. Negar la vida, o incluso ponerla en duda o crear confusión acerca de ella, abre la puerta a hacer el mal, porque ¿qué pueden importar cosas que carecen de vida?

En 1977, Edgar Morin escribió: "En el marco de la ciencia clásica, la *fisis* [naturaleza] puede definirse de modo privativo: «Lo que no tiene vida»; la *fisis* es dejada a los poetas."[77] La vida es negada al ser reducida a moléculas, a partículas que carecen de ella por definición. En idéntico sentido se pronuncia Hans Jonas en su ensayo *El Principio Vida*.[78]

La vida *se vive*, como el ser *se es*. Pero, como el vivir se da en el espacio-tiempo, todo ser-consciencia posee necesariamente una dimensión física y objetiva; y de ahí el "despiste" cientifista: al mirar *metódicamente* solo el exterior de las cosas, la otra dimensión, la interior, *tiene que ser ignorada...*, aunque en realidad nunca pudo ignorarse, y por eso Pavlov no podía mirar los ojos del perro que estaba a punto de viviseccionar.

Henri Bergson ha sido malinterpretado casi siempre que se ha hecho referencia a su noción de élan vital. Se ha creído que defendía una suerte de fluido vital como el que postulaban los vitalistas sustancialistas, como Driesch, entre otros.

Pero no era eso. En ningún momento habla Bergson de un fluido vital que sería ese élan que mencionaba. Este no es sino el *impulso* de vivir, de gozar de la vida; y es el deseo (Eros) de expandirla y transmitirla. Todo eso implica ciertamente consciencia encarnada, y claro que también finalidad, teleología; pero no precisa de ningún soporte material suplementario.

¿Puede haber algo más fundamental aún que la vida? Tal vez la consciencia misma, es decir, *el ser.* Reconocer la vida y la consciencia allí donde está es una importantísima función de la intuición, esa facultad ninguneada por el racionalismo en todas sus versiones: moderno, postmoderno y cientificista. La capacidad de saber de manera prácticamente inmediata que otro ser vivo *es* era innata en el hombre paleolítico, y la siguen teniendo los humanos que viven en contacto estrecho con la naturaleza, pero se oscureció a partir del Neolítico, cuando, tras su domesticación, diferentes especies animales se convirtieron en ganado. Pronto "se inventó" también la esclavitud, por la que incluso otros seres humanos pasaron a ser vistos también como cosas, mercancías. Y en el presente se está intentando arrancar de la humanidad todo rastro de intuición, como parte esencial de un programa –nada "oculto", por cierto– orientado a la sustitución de lo viviente y humano por lo maquinal. No estoy exagerando: hoy ya se dice como la cosa más natural del mundo que, si una IA habla con fluidez y parece razonar como una persona, *habrá que considerarla una persona.* El razonamiento subyacente es que como no tenemos acceso a las otras consciencias, por lo que es posible dudar de ellas (y por eso los animales pueden ser máquinas y las personas maniquíes), las máquinas, *contrario sensu,* pueden ser consideradas conscientes y hasta humanas si tienen buenos algoritmos que les doten de una *función pensamiento* potente;

pero sobre todo si imitan bien el comportamiento de seres humanos conscientes. Cerrado queda el bucle.

Creo que el modo de conocimiento que más caracteriza a la civilización occidental moderna, el conocimiento científico, está severamente lastrado por la autolimitación que supone negar toda vía introspectiva. El culto idolátrico del objetivismo –defendido como el único camino epistémico posible, sin admitir ninguna alternativa cuando ese camino es manifiestamente insuficiente– impide el pleno (re)conocimiento del ser en cada uno, y proyecta un oscurecimiento negacionista sobre el ser del otro, en un espectro que va del animal-máquina cartesiano al solipsismo. Pero, como vemos, esto también puede funcionar paradójicamente en sentido opuesto. Es lo que implica el desprecio del ser y la entronización de la apariencia.

La separación *metódica* entre, por un lado, un camino cognitivo basado exclusivamente en el despliegue de una *función pensamiento* de naturaleza estrictamente algorítmica[79] y enfocado únicamente sobre objetos, y *la vida*, por otro, hace que la ciencia moderna pueda ser vista como un conocimiento sin empatía, *sin amor*, como denunció en más de una ocasión Raimon Panikkar. Por esa misma razón, Jane Goodall insiste en que no se la catalogue como científica, y pide que se la considere una naturalista.[80] La ciencia occidental típica (el cientificismo) está profundamente desvitalizada y por eso es incapaz de entender la consciencia, compañera inseparable de la vida tal como realmente es.

UNA TECNOLOGÍA AL SERVICIO DEL ENGAÑO

Las IAs comunicativas no tienen como único objetivo responder preguntas complejas o realizar tareas difíciles, sino *sobre todo* resultar indistinguibles de las personas.

Lo más criticable del informaticismo, y no solo en su etapa actual, marcada por el "lanzamiento" de la denominada Inteligencia Artificial, sino se diría que desde su origen mismo, es su aparente voluntad de estar al servicio del engaño. Inicialmente y durante décadas todo parecía un juego, todo era mera diversión inocente, pero hace ya tiempo que ha caído la máscara: se trata de falseamiento puro y duro de la realidad, incluso negándola de raíz, y de llevar hasta sus últimas consecuencias un proyecto de sustitución del mundo real por constructos artificiales que "dejen definitivamente atrás la naturaleza", tanto en su sentido más general (y en tal caso la alternativa propuesta es la inmersión en entornos metavérsicos) como en el de la presencia de ella en nosotros, en nuestros cuerpos, que el trans y post-humanismo anhelan "deconstruir" para sustituirlos por algo "menos romántico" e infinitamente más manipulable.

Tiene auténtico interés indagar el porqué de la vocación engañosa de la informática. Su nacimiento se produjo a partir de un importante descubrimiento: que la información *es atomística*, puesto que se fundamenta en unas unidades mínimas indivisibles, los *bytes*, basadas es la disyuntiva 0 - 1.[81] Es, pues, la dualidad lo que funda la información, en el sentido aristotélico de un estricto "esto o lo otro" con *tertium exclussum*. Y la que, al establecer una teoría sólida, permitió que naciera la Informática. En el terreno de los arquetipos astrológicos, esto nos pone frente al signo zodiacal de Géminis con su multitud de proyecciones dobles: Caín y Abel, Rómulo y Remo, Jeckyll y Hyde, pero también Marx y Engels, Darwin y Wallace, Freud y Jung, las dos serpientes del Caduceo, las Columnas de Hércules, los sapiens y los neandertales. En la base está la doble hélice del ADN, cuya estructura es idéntica a la del mercurial Caduceo.[82]

LA RESPUESTA DEL TAO

"Existente o inexistente", "ser o no ser", "verdadero o falso". El *byte* es más que un dato tecnológico fundacional, lo cual ya es sumamente importante: es también un perfecto *objeto arquetípico*. Qué diferente habría sido si los maestros taoístas que diseñaron el yin-yang (y que conocían, sin la menor duda, las raíces binarias de la información) hubieran sentado las bases de una ciencia que lo tuviera por fundamento. Porque el yin-yang –que desde Niels Bohr *encanta* a lo mejor de la mente occidental– no es el *byte*. Es un concepto no verbal sino visual, de gran armonía y sencillez –pese a que abre una complejidad vertiginosa– que vale más que un millón de palabras. Y es fruto de un estado de comunión con el universo. Los escritos taoístas son oscuros, pero la síntesis del Tao en la figura del yin-yang es tan clara como la atmósfera límpida de las montañas de China.

De esencia dinámica (puesto que el yin-yang gira bajo el impulso de la *energía-deseo*, que se presenta como la mutua implicación y atracción de las dos mitades alabeadas, que tienden así, perpetuamente, a la reunificación) la figura taoísta trasciende, asumiéndola, la Dualidad, y hace de ella la condición inicial del despliegue de un Universo Viviente.

Esa síntesis es capaz de hacer inteligible algo tan enigmático como el libro del I Ching y su asombrosa eficacia oracular, que se confirma –una vez que se cuenta con excelentes traducciones– más allá del ámbito cultural chino. Una explicación sería que la contemplación del yin-yang implica sumergirse en la Unidad / Multiplicidad o, lo que es lo mismo, en la unidad última que subyace al devenir aparentemente caótico del cosmos. Meditar en el yin-yang supone reconectar con aquello que, implicando la máxima complejidad imaginable, posee una esencia unitaria; es decir, con la Vida.

Cabría añadir que el yin-yang no es solo la síntesis perfecta de la idea/intuición taoísta de la Naturaleza Viva, sino también una ilustración visual insuperable del advaita hindú, que es el Tao mismo trasladado al Sur de Asia (y, ciertamente, también a la inversa).

¿Podría el yin-yang remplazar al *byte* en una nueva informática, cualitativamente muy superior a la que conocemos? ¿Apunta ya a eso la computación cuántica? Dejo la pregunta en el aire, pero tengo serias dudas porque la inteligencia tecnológica está muy lejos de la sabiduría, y con referencia a la computación cuántica solo se leen, hoy por hoy, comentarios inspirados en el más estricto instrumentalismo, como si su fundamento no tuviera nada que ver con algo que es susceptible de abrirnos a otras dimensiones de lo real. Pero quién sabe... En todo caso, el yin-yang trasciende el principio del tercio excluso sin negar la dualidad, más bien contemplándola como el umbral de la *unitas multiplex* cósmica en mutación y evolución permanentes.

Como se acaba de decir, el *byte* es una proyección extremadamente nítida del signo zodiacal de Géminis (lingüístico, referencial, imitativo). Sin embargo, el símbolo del yin-yang resuena con la totalidad del Zodiaco, el Camino de la Vida.[83]

El yin-yang se ha convertido en la imagen icónica por excelencia del llamado "nuevo paradigma". La nueva visión en ascenso imparable implica una percepción mucho más lúcida de la realidad que la que permitía la visión precedente, dado que las palabras-clave del *viejo paradigma* se resumen en "simplificación", "reducción", "materialismo" y "noetofobia".

El nuevo entendimiento de la realidad tiene muy poco en común con el antiguo, que no ha muerto todavía. Numerosas palabras-clave pueden serle aplicables, pero baste con dos: **consciencia** y **complejidad**. Este último término nos pone ante uno de los máximos pensadores de la concepción del mundo que trabajosamente se va abriendo camino. Se trata de Edgar Morin, el gran filósofo de la complejidad. Este anciano-joven sabio es de origen judeoespañol, como Baruch Spinoza, tan distinto y tan cercano a él. Casi sin darme cuenta estoy introduciendo paradojas, lo que es normal porque es el paradójico yin-yang lo que subyace a la nueva visión que va desplazando a la vieja e inservible. Vaya a continuación la cita de un párrafo contenido en la Introducción del primer tomo (*La Nature de la Nature*) de la obra magna de Morin, *La méthode*:

[*pretender*] Romper la circularidad, eliminar las antinomias, es justamente volver a caer bajo el dominio absoluto del principio de disyunción/simplificación del que queremos escapar. Por el contrario, conservar la circularidad es negarse a la reducción de lo que es complejo, por un principio que lo mutila. Es rechazar el discurso lineal, con punto de partida y estación final. Es negarse a toda simplificación abstracta. Conservar la circularidad supone respetar las condiciones reales del conocimiento humano, que implica siempre paradojas lógicas e incertidumbre.[84]

En la Conclusión de ese primer tomo, Morin deja claro que el método de la complejidad no está definido desde el principio, de una vez por todas, sino que va surgiendo al tratar de **comprender**, en profundidad, honesta, amorosamente. Y añade que jamás llegará a clausurarse en sistema insuperable. "Se hace camino al andar".

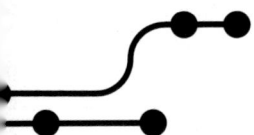

DESTELLOS DE LUZ
EN LA OSCURIDAD

Solo se puede conocer lo falso. Lo verdadero se es.
NISARGADETTA (Yo soy eso)

La popularización de la Inteligencia Artificial ha coincidido con una serie de manifestaciones apocalípticas que vienen del campo mismo de sus hacedores. Sorprendentemente, desde ese ámbito se están lanzando advertencias espeluznantes de la previsible aniquilación de la especie humana por IAs superavanzadas. Y no por haber sido fabricadas dichas IAs con esa intención, sino por la capacidad de aprendizaje y autoprogramación que la Inteligencia Artificial ya tiene y que pronto tendrá en mucha mayor medida. La inmensa mayoría de quienes recibimos estos mensajes carecemos de la suficiente capacidad para analizarlos y entender cuál es exactamente el fundamento de los temores angustiados que manifiestan algunos miembros destacados de la élite tecnocientífica. Por otra parte, tales mensajes tampoco son claros, por lo que me limito ahora tan solo a señalarlos.

LA OBSESIÓN DE LA NADA

Ya se ha mencionado el extendido terror pánico a la muerte como Nada, así como la creencia de no pocos tecno-materialistas en que podrán alejarla indefinidamente, o incluso borrarla de su horizonte.

No hay que culparles. Es a lo que conduce el materialismo filosófico, que desemboca necesariamente en el nihilismo. La Nada es la mar a la que van a dar todos los ríos de los materialistas.

Pero ¿la Nada dónde está? En ninguna parte. ¿Qué extensión tiene? Ninguna, es el Cero, que se define como carente de dimensiones. Se creyó que el vacío era la Nada, pero resulta que está lleno de energía, lo que le permite ser fuente permanente de partículas que, igual que nacen, retornan a su seno. Hawking aseguraba que la Nada precedió al Big Bang, puesto que no había ni tiempo ni espacio, pero no parece que, hoy por hoy, muchos cosmólogos apoyen esa idea, pues sobran teorías del "antes de" con o sin espaciotiempo.

La Nada del materialismo está entificada, se ha convertido en "algo" a fuerza de insistir e insistir en ella. "Algo" que, naturalmente, produce pavor o, si se apuesta por la conllevancia, angustia crónica. Esta última es lo que le diagnostica Heidegger al *ser para la muerte*.

Solo la incomprensión radical de la consciencia –o, en el límite, el negarla– puede sustentar la (pseudo)certeza de que la Nada absoluta "emerge" en cada uno de nosotros cuando la vida llega a su fin.[85] Todo viene de no entender que consciencia y ser son una y la misma cosa, y que si, de la nada, nada puede nacer, igualmente imposible es la aniquilación absoluta del ser. Es decir que si: NADA → SER es imposible y absurdo, también lo es SER → NADA.

Puede que el lector piense que soy un creyente en una u otra forma de vida postmortem, pero no hay nada de eso. Para mí el Más Allá es un misterio, y además creo que está bien que lo sea. Respeto a quienes creen saber lo que hay o sucede una vez que el todo orgánico corporal se desintegra, pero por mi parte solo sé que este organismo que es mi cuerpo focaliza el ser en un pequeñísimo margen de espacio-temporalidad, permitiéndole vivir una vida. Y pienso que esa focalización puede darse, en principio, tanto en el espacio-tiempo como en otros modos de existencia que impliquen otras dimensiones que no podemos concebir. Así que... ya se verá.[86]

LA CONSCIENCIA Y EL UNO

Creo que fue Goethe el que dijo que solamente es un ser aquello que es Un ser. Y Erwin Schrödinger, por su parte, escribió:

La conciencia nunca ha sido experimentada en plural. Hasta en los casos patológicos de conciencia desdoblada o doble personalidad, las dos personalidades se alternan, nunca se manifiestan simultáneamente. En sueños [a veces] desempañamos varios papeles al mismo tiempo, pero no en forma indistinta: nosotros somos siempre uno de ellos.[87]

En este ensayo y en otros anteriores he destacado ya la relación entre la consciencia, entendida como la simple vivencia de ser, implícita en toda experiencia, y el/lo Uno, aproximado tanto desde el lado índico (no dualidad, Brahman / Atman) como desde el helénico, de Parménides al Neoplatonismo. Pero lo esencial no son las teorías metafísicas sino nuestra propia experiencia vital, pues, como señala Schrödinger, incluso cuando la personalidad aparece escindida, el puro espacio subjetivo sigue siendo absolutamente indivisible.

De ahí determinados problemas que presenta el panpsiquismo y que están lejos de resolverse: destacadamente, el de la combinación y el simétrico implicado por la división celular. Subiendo ontológicamente de escala, nos enfrentamos al problema de los gemelos monocigóticos, que proceden de un solo óvulo fecundado, el cual, en un cierto instante de la fase embrionaria inicial, se escinde en dos mitades, cada una de las cuales acaba dando origen a un ser-consciencia distinto.

La filósofa Susan Schneider reduce al absurdo, a partir de esto, la pretensión de explicar la mente consciente identificándola con el patrón de un *software* informático. Un programa de ordenador puede cargarse en un solo dispositivo o en muchos, y en este segundo caso quien así hubiese descargado su consciencia se encontraría con que su yo consciente se multiplicaba por un número igual al de las descargas efectuadas, y con que todos esos yoes eran… él mismo.

En la sucesión de los números naturales el uno no es solamente la cifra que la encabeza, sino que además lo representan todos los números primos, cuya irregular y enigmática distribución se extiende hasta el infinito. Pero ¿el uno dónde está en la naturaleza? Obviamente en las unidades naturales, pero ¿qué son estas? Intrínsecamente –más allá del mero aspecto contable– unidades naturales son los todos holísticos, muy destacadamente los seres vivos. La organicidad biológica supone la realización plena del *principio sistémico*, que se remonta a Aristóteles, de que "el todo es más que la suma de las partes".

Es absurdo afirmar que solo son completamente reales los objetos del nivel más bajo detectable (sean estos los átomos o las "partículas elementales"). La Realidad tiene niveles, y los entes coherentes existentes en todos ellos son realidades plenas, no "epifenómenos". Los *sistemas verdaderos* de un cierto nivel emergen al establecerse entre sus elementos *relaciones constitutivas de nuevas entidades*. Estas son unidades integrales u holísticas, por mucho que tengan partes componentes (*unitas multiplex*).

Este principio es rechazado por los partidarios del reduccionismo, postura que defienden ante todo los seguidores del materialismo filosófico. Edgar Morin ha hecho notar que resulta imposible fijar un nivel de realidad-base, porque, cuanto más se profundiza, más claro se ve que en la *fisis* no existe ningún nivel cuyos elementos puedan ser definidos como simples y últimos. "La complejidad –dice– llega hasta lo que consideramos más básico". Desde un punto de vista Vedanta, diríamos que la Manifestación se nos aparece en su totalidad como hipercompleja.

En orden a establecer una justificación definitiva de la diferencia abismal que existe entre los *sistemas verdaderos* y los meros agregados,[88] es preciso mencionar una teorización reciente sumamente interesante. Se trata de la Teoría de la Información Integrada (TII), cuyo principal referente es el psiquiatra y neurocientífico italoestadounidense Giulio Tononi. Desde hace algo más de un cuarto de siglo, él y otros investigadores trabajan intensamente en un intento de matematizar la probabilidad de que una entidad sea consciente. Y lo que han encontrado es fascinante y apoya intuiciones preexistentes. Esta teoría se sustenta en dos ideas clave: la primera es que la integración de sistemas-entidades, de unidades holísticas de cualquier nivel de realidad, se produce gracias, fundamentalmente, a la presencia en ellas de múltiples retroalimentaciones, es decir, de causaciones circulares. El papel esencial de estas en la vida orgánica es archiconocido desde hace mucho tiempo, pero la TII lo extiende más allá de la biología, a todos los territorios de la realidad física. La segunda idea es que las entidades con un índice de recursividad circular interna elevado (y que debido a ello presentan un alto grado de unificación holística) pueden ser conscientes, o que incluso lo son con seguridad. Dicho índice es designado por la letra griega φ (fi) y su cálculo preciso es extremadamente difícil, aunque puede estimarse más fácilmente su orden de magnitud.

La Teoría de la Información Integrada trata, por tanto, de dar con la clave simultánea del grado de unificación holística y de la presencia de una dimensión subjetiva en las múltiples realidades sistémicas que existen –o que son potencialmente existentes– en el universo. Ahora bien, esta clave sería **la circularidad** de las causaciones predominantes en esas realidades. Tononi ha elegido φ como icono de esta teoría, sin duda porque el número φ aparece en las más maravillosas creaciones de la vida orgánica; pero también podría haber adoptado el círculo, símbolo por excelencia de unidad / totalidad, y tal vez esa adopción habría sido incluso preferible. Los lenguajes simbólico-arquetípicos, que el racionalismo desprecia, son sumamente importantes desde el punto de vista cognitivo, y recordemos que un círculo, con su centro, representa el Sol, la estrella central unificadora de nuestro sistema que, en Astrología, simboliza el *foco de consciencia* del individuo. El círculo es también el Uroboros y es igualmente la envolvente del yin-yang que, desde lo Uno inicial, se despliega en Universo y Vida múltiples a través del Dos y de los números siguientes. Es momento de recordar el principal párrafo de la cita de Edgar Morin incluida en la página [*pag. 89*]: "Conservar la circularidad es negarse a la reducción de lo que es complejo, por un principio que lo mutila". Pues la complejidad solamente es fructífera si implica circularidades que se abren y se interconectan. Es esto lo que la TII pone de relieve, al tiempo que confirma algo sumamente importante:

que la **vida orgánica, en toda su escala, está asociada a la consciencia** en distintos grados de definición. Es así dado que en ella las causaciones circulares son literalmente constitutivas, desde el nivel molecular hasta el ecosistémico.

Antes que nada, hay que recalcar que ninguna estructura material aconsciente puede generar consciencia[89] sino solo focalizarla, permitiéndola definirse, individualizarse y dotarse de potencialidades superiores, incluida la emergencia de un yo. La consciencia en sí, la pura subjetividad, es idéntica a **ser**, y esto lo saben también los materialistas cuando afirman que más allá de la muerte no hay nada, es decir, no hay más ser en absoluto. Volvemos al célebre monólogo hamletiano de la calavera: *"To be or not to be, that is the question"*.

¿Cuándo empezó a focalizarse la Consciencia Una en múltiples consciencias focales aparentemente separadas? Debe remontarse a la instalación de las primeras causaciones circulares en el universo naciente. Ahí pudieron surgir ya protoconsciencias focales y, con ellas, perspectivas objetivadoras. Pero para que avanzara la evolución hacia las mentes conscientes individuales plenas se necesitaban dos cosas más: un enorme *incremento de complejidad*[90] y *tiempo, un tiempo inmenso*, para evolucionar. En cuanto a lo segundo, desconfío de la "superaceleración evolutiva" que nos quiere vender el transhumanismo como resultado ineluctable del rapidísimo desarrollo de la tecnología. Sería **Technium**, nuevo reino emergente de la naturaleza, el que implantase un tiempo y una evolución comprimidos (y controlables, por supuesto). Los transhumanistas y numerosos tecnólogos adoptan para sí mismos el modelo de Yahvé, el dios-ego todopoderoso del Antiguo Testamento, ignorando lo Divino inmanente –silencioso y quieto– que a todos (y todo) abarca, iluminando desde dentro la Evolución cosmológica.

Pero ¿qué pasa con la informática? ¿qué hay de los ordenadores y especialmente de las IAs?

De acuerdo con los postulados de la TII, los artefactos informáticos que utilizan algoritmos lineales no pueden tener el menor rudimento de consciencia por mucho que procesen información, y lo mismo sucede obviamente con un termostato, por mucho que Chalmers, en sus inicios, creyera otra cosa. Esto se refiere incluso a las redes neuronales cibernéticas prealimentadas, que asimismo carecen de bucles de retroalimentación. Lo que la TII estipula es que la presencia de causaciones circulares es *condición necesaria* para que algo material posea un lado subjetivo, pero no está claro que tal cosa constituya una condición suficiente. Tononi se atreve a afirmar que lo es, pero eso puede ser resultado del enamoramiento que siente por su teoría, a la que no se le puede negar belleza.[91] Como Susan Schneider, me inclino a pensar que las circularidades constitutivas son condición necesaria pero no suficiente de la presencia de una consciencia bien definida individualmente. Podrían compararse quizá a una primera lente convergente que tiende a focalizar la luz de ser en el mundo material-energético.

Pero, si lo hace en los seres biológicos, ¿por qué no lo haría también en algunos objetos artificiales? Ya he dicho que no creo que haya una imposibilidad metafísica que impida la existencia de entidades conscientes no biológicas, pero de lo que se trata ahora es de explorar sus posibilidades reales, más allá de los deseos y apuestas precipitadas de los transhumanistas y demás "tecno-optimistas". Y hay que partir de asumir que la presencia de causaciones circulares se cumple de forma constatable en el campo de la neurología y en el de la biología en general.

Seguimos sin saber cómo y cuándo se originó la vida, esta vida biológica, de la que dos características intrínsecas son

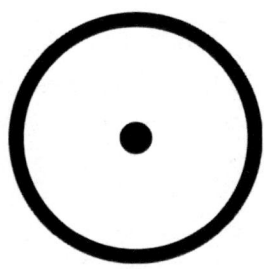

"circularidades múltiples" y "consciencia". Los *Naturphilosophen* románticos creían que la vida era idéntica al ser empírico. ¿Y si es efectivamente así? ¿Y si la vida es tan antigua como nuestro universo, o incluso anterior a él? Eso podría llegar a justificar que la focalización de la consciencia fuera atributo exclusivo de la vida biológica.

DESVARÍOS

Las reacciones de científicos y filósofos ante el auge de la Inteligencia Artificial nos enseñan mucho sobre el punto ciego principal de la ciencia y sobre los demás puntos ciegos, u oscurecimientos secundarios, a los que da lugar el punto ciego mayor. Caigo esta mañana sobre una entrevista a Melanie Mitchell, catedrática nada menos que de Complejidad en el Instituto Santa Fe, de California.[92] Esta profesora dice cosas interesantes, pero sus no-dichos y contradicciones lo son más todavía. Ya el título de la entrevista es llamativo: "La inteligencia artificial despegará cuando se inserte en robots que *experimenten* el mundo como los niños" (la cursiva es mía). De entrada, advierte:

> Este *boom* aumenta las expectativas de la gente, y eso luego causa desilusiones. En las décadas de 1950 y 1960 se decía que tendríamos máquinas con inteligencia humana en pocos años. Eso no ocurrió. (...) Ahora estamos en un período de mucha expectación. ¿Realmente va a ser el momento en que se cumplirán las predicciones de los optimistas o acabaremos en otra gran decepción?

Pero el motivo por el que esta entrevista resulta tan ilustrativa se nos revela cuando Mitchell subraya que la inteligencia de las máquinas es únicamente lingüística, mientras que la humana cuenta *además* con "cosas que solo se captan a través de la experiencia" e implica sentido común e intuición. Es normal que diga esto, siendo catedrática de Complejidad, pero no parece tener del todo claro que "experiencia", "sentido común" e "intuición" implican consciencia. Porque me parece que tanto esta profesora universitaria como numerosos colegas suyos dan por descontado que *parecer* seres conscientes equivale a serlo. A Melanie Mitchell *no le parece* que las IAs actuales posean los rasgos que revelan auténtica inteligencia, de modo que no deben ser conscientes de momento; pero piensa que, si desarrollan comprensión del significado e intuición, sí que lo serán. Y ella cree que "tal cosa es posible, ya que no hay ninguna razón por la que no podamos desarrollar una máquina así". Y manifiesta su convicción de que la educación de un robotito dotado de una IA lo suficientemente avanzada permitirá que este "experimente el mundo como nosotros lo hacemos".

¿Qué nos dice esta entrevista? Que la tecnociencia materialista, junto con una parte importante de la filosofía occidental, ha caído desde hace tiempo en el menosprecio y olvido completo del ser y, por consiguiente, de *ser... nosotros.* Nosotros mismos. Se ha llegado a convenir que "con parecer basta". Y no es así. **Ser** es lo único importante. Si esto no se entiende, solo queda vivir permanentemente en el engaño. Pero algunos responden que es inevitable, y que en el fondo "qué más da".[93]

UNA FILÓSOFA TRANSHUMANISTA ATÍPICA

No creo que Susan Schneider[94] sea una de las personas que dicen "qué más da". Esta filósofa confía en el potencial, y se diría que en la capacidad salvífica, de la tecnología, y es por eso por lo que se declara transhumanista. Aunque cuesta un poco reconocerla como tal, a la vista de sus disensiones relativas a varias de las asunciones más características de esa nueva *religión.*[95] Así, por ejemplo, no acepta la posibilidad de transferir la consciencia (ella prefiere decir "la mente") a un soporte informático. No comulga tampoco con la idea de que "la mente" y "el yo" no sean más que el patrón básico de la programación computacional cerebral, como defiende Ray Kurzweil, a quien, por lo demás, se refiere abundantemente; y ni siquiera asume que quepa entender "la mente" como un *software*, idea de lo más extendida, no solo en el transhumanismo sino en el campo de los especialistas en informática avanzada. De hecho, plantea una alternativa que juzga de compromiso para no tener que rechazar de manera radical la noción de que la mente es un mero *software*: según ella, la mente no es el complejísimo *software* del cerebro, *sino su ejecución por algo (o alguien)*. Esto simplemente lo deja caer, sin atreverse a profundizar más en ello. Pero añade lo siguiente:

> Aunque el enfoque de la mente como ejecución de un *software* no asume la poco creíble afirmación de que la mente es abstracta [*como lo es la secuencia de instrucciones, o algoritmo, de un programa informático*], nos dice poco acerca de su naturaleza, salvo que es *algo* que ejecuta un programa.[96]

No puedo creer que Schneider no estuviera pensando, al escribir esto, en una realidad espiritual, llámela ella como prefiera. Estoy seguro de que lo hacía, porque, si no, no se entiende que, ya casi al acabar el libro, diga lo siguiente: "Nos quedamos con la idea de lo desconcertantes y controvertidos que son estos misterios acerca de la mente y del yo. Y aquí, querido lector, es donde quiero dejarte. Porque el futuro de la mente requiere valorar la profundidad metafísica de estos problemas".[97]

SINCRONICIDADES. CUANDO LA CONSCIENCIA INDIVIDUAL Y CÓSMICA SE PRESENTA COMO UNA SOLA

Era una tarde de Reyes bastante triste, porque hacía unos días que mi compañera me había anunciado que iba a poner término a nuestra convivencia. Pero esa tarde estaba conmigo. Por la mañana habíamos comprado un pequeño roscón y nos disponíamos a compartirlo. Lo partí en dos mitades, le di una a ella y me serví la otra. Cuando la empecé, noté que me había tocado la tradicional "sorpresa", pero en esa ocasión lo fue de verdad: era una sortija de bisutería, con un encantador corazoncito de vidrio imitando una amatista. ¡Era preciosa! No es nada frecuente que un anillito sea la sorpresa del roscón de Reyes, y no tengo noticia de ningún otro caso: siempre salen figuritas de vidrio o de cerámica. Pero a mí me salió aquella sortija... Se la ofrecí, la aceptó y resultó ser de la medida exacta de su dedo anular ¿Casualidad? Naturalmente, lo son todas las sincronicidades. Esta, además, fue anunciadora de una reanudación que tuvo lugar justo un año más tarde. De esto hace mucho tiempo. Pero así sucedió.

> Los fenómenos sincronísticos son un dato fundamental en orden a reconocer la dimensión cósmica de la consciencia. Marie-Louise von Franz señala que toda una serie de sorprendentes paralelismos entre la física cuántica y la psicología profunda[98] vuelve sumamente verosímil la hipótesis de que la energía/materia y la "psique objetiva" (lo que Jung llama el Inconsciente Colectivo) sean, en profundidad, una sola cosa, añadiendo que eso puede explicar la Sincronicidad. Diría, por mi parte, que constituyen un campo fenoménico coherente con un cosmos cuyo fondo último es Consciencia. Es la Inteligencia Natural, humana y cósmica, que la *luz de ser* ilumina, la que se manifiesta de manera unificada como sincronicidades.

Carl-Gustav Jung puso sobre la mesa los hechos de sincronicidad, que estaban ahí desde siempre, y la escueta definición que dio de ellos es bastante precisa: son sucesos objetivos chocantes, que se viven en plena vigilia y en situaciones normales, cuya ocurrencia es siempre "oportunísima" y resulta excepcionalmente clarificadora para quien los vive. Una persona con una cierta problemática vital, o incluso sin ser consciente de tenerla, al protagonizar o simplemente ser testigo de un acontecimiento inesperado *que sobreviene por pura casualidad*, lo encuentra lleno de sentido y de un modo extremadamente nítido le proporciona una respuesta relativa a la situación en la que se encuentra. Para esa persona se trata de un suceso simbólico portador de un mensaje revelador que le aporta una clave fundamental. Bien entendido, el suceso en sí no tiene por qué ser extraordinario, pero la coincidencia con el momento y las expectativas que vive la persona protagonista sí que lo es en grado superlativo; y es esa coincidencia la que manifiesta un sentido que o bien se aprecia de inmediato, o bien su pertinencia se constata en un plazo corto. Es como si el devenir del mundo exterior y la experiencia existencial de una persona se conjuntaran en un determinado instante.

Jung planteó dos conceptos clave para definir lo que llamó "fenómenos de sincronicidad", que hoy se conocen simplemente como "sincronicidades": uno, coincidencia temporal que no puede explicarse causalmente, y, dos, eclosión nítida de un sentido. Sin embargo, su principal colaborador en el estudio de estos fenómenos, el físico Wolfgang Pauli, consideraba que la condición de la coincidencia en el tiempo no era imprescindible, ya que –decía él– hay sincronicidades que explican aspectos problemáticos del pasado, y otras que anticipan algo que se refiere a un futuro no tan cercano, y se lo hizo notar a Jung en más de una ocasión, según revela la correspondencia entre ambos. El luminoso sentido del que está cargado el "acontecimiento azaroso" era lo esencial para Pauli, que insistía mucho en esto. Por cierto, la vasta cultura humanística de este gran físico cuántico, premio Nobel de Física en 1945 por su Principio de Exclusión,[99] le permitió recordarle a Jung[100] que el filósofo Arthur Schopenhauer había postulado en uno de sus ensayos –citado por él– "una unidad última entre la necesidad y el azar", es decir, que *son sorprendentemente numerosas las casualidades que transmiten con gran claridad un sentido*, anticipando, por tanto, la teoría de la Sincronicidad.

En otra carta, remitida el 4 de junio de 1950, Pauli le dice a Jung lo siguiente:

> En Princeton tuve oportunidad inesperadamente de discutir con frecuencia acerca del fenómeno de la sincronicidad. En estas discusiones preferí utilizar el término "correspondencia de sentido" en lugar de sincronicidad, con objeto de poner el acento más en el sentido que en la simultaneidad y de establecer un nexo con la vieja *correspondentia*. Además procuré enfatizar la diferencia entre la aparición espontánea del fenómeno (como en su relato sobre el escarabajo[101]) y el fenómeno *inducido* (por ejemplo, mediante algún ritual) como sucede en las mancias.[102]

Marie-Louise von Franz recuerda que Jung decía que "el sentido" es una noción trascendental de la que no es posible llegar a dar una definición exacta. La captación del "sentido" no es una simple adquisición de información o de un cierto conocimiento, sino que es más bien una experiencia que, cuando se vive, toca tanto el corazón como la cabeza. Se experimenta como una iluminación que en cierto modo es inefable (una "fulguración", un fogonazo, para emplear una expresión de Leibniz). El pensamiento discursivo interviene muy poco en las vivencias del "pleno sentido", ya que aquel se fundamenta en el orden lógico-matemático, lo que para estas no es el caso. "La aprehensión del sentido es un salto cuántico en la psique", dice von Franz.[103]

Claramente, tanto Jung como Marie-Louise von Franz están hablando de los momentos intuicionales, de los *insights* que alcanzan directamente el *buddhi*, para retomar la terminología del Samkhya. Recordemos que este nivel de la mente es el puente entre la *materialidad sutil* de esta y la consciencia pura, el divino *purusha* o espíritu. El Vedanta es más escueto: el sentido que revela un auténtico suceso de sincronicidad se pone de manifiesto directamente al *atman* –presencia inmediata de Brahman en cada ser-consciencia– sin necesidad de ninguna intermediación.

La Sincronicidad es totalmente ajena al imperio del algoritmo. Muestra palmariamente que la consciencia y el sentido –siempre intuitivo– que se despliegan en ella no tienen nada en común con las cadenas algorítmicas. Y sí, **todo**, con un universo vivo e inteligente.

EXPECTANTES DE(L) SER

Por mi parte, estoy atento a las señales, tanto a nivel personal como en el mundo. Hago, en esto, caso a mi coetáneo Paulo Coelho, porque claro que, haber señales, haylas. Es preciso, eso sí, saber distinguirlas e importa mucho ser capaz de hacerlo, porque aceptar cualquier cosa que suene a señal o a sincronicidad abre el camino a la paranoia o a un agravamiento severo de una neurosis obsesiva manifiesta o latente. Esto es un peligro muy real, frente al cual es preciso aplicar el sentido común y ejercer una rigurosa discriminación crítica, lo que no es, para nada, incompatible con reconocer que a veces el universo transmite información suplementaria a los focos de *luz divina* que somos.

La lectura de la reflexión de Schopenhauer sobre el azar como portador ocasional de sentido hizo que Pauli se sintiera optimista sobre unas mayores posibilidades de comprensión del papel que juega *el sentido* en la física, en comparación con la época que le tocó vivir al filósofo alemán. En una carta enviada a Jung dice lo siguiente:

> Este ensayo de Schopenhauer produjo en mí una gran fascinación y una duradera impresión, y me pareció anticipar un giro inminente en las ciencias naturales. Sin embargo, mientras Schopenhauer se atuvo sin reservas al determinismo estricto, en el sentido de la física clásica de su tiempo, nosotros sabemos hoy que a escala atómica los sucesos físicos no pueden ser descritos según una concatenación causal en el espacio y en el tiempo. La proclividad de los físicos a aceptar la idea principal del "sentido como factor ordenador" debería ser en la actualidad mucho más acusada que en los tiempos de Schopenhauer.[104]

Con nuestra perspectiva actual constatamos que el optimismo de Pauli no se cumplió. Al contrario, en las décadas de los 50 y los 60 el reduccionismo y el materialismo crecieron. Y evidentemente no había la menor proclividad a dar cabida al sentido en una realidad natural, en concreto la biológica, que se tendía a ver, cada vez más, como regida por un azar que no era portador de sentido alguno. Recordemos esa biblia del no-sentido que es *El azar y la necesidad*, de Jacques Monod, publicado en 1970, mientras que la hipótesis Gaia, propuesta al mismo tiempo a contracorriente, fue muy mal recibida en un principio. El desencantamiento de la Naturaleza se extremó, por tanto, durante un período bastante largo, y si ahora de nuevo se tambalea[105] es precisamente, entre otras cosas, por la relevancia que está cobrando la cuestión de la consciencia.

Dicho esto, está claro que la Sincronicidad sigue siendo un tabú en el mundo científico e incluso filosófico, hasta el punto de que se intenta ocultar que el Nobel de física Wolfgang Pauli no solo la admitía sino que tuvo un papel fundamental en orden a establecer una teorización de la misma basada en el carácter cósmico de la consciencia.

Me parece que en este momento hay motivos para estar atentos. Yo diría que expectantes. No caer ni en un pesimismo extremo ni en el superoptimismo bobalicón que ha hecho estragos en la *new age* es importante en las complicadas circunstancias por las que atraviesa el mundo. La clave es mantenerse atentos a los indicios que, en medio de la confusión reinante, parecen anunciar un giro en la conciencia –quizá ese vuelco de que habla Jeffrey Kripal[106]– y, paralelamente, estar muy atentos *interiormente*. Hemos de acostumbrarnos a reconocer *en permanencia* nuestra *luz de ser* al tiempo como trascendente y como "lo más natural del mundo", porque es las dos cosas.

Mientras escribo estas líneas se celebra en Barcelona el Festival de la Consciencia (*The festival of Consciousness*) que ha conocido varias convocatorias. En él participa Stuart Hameroff, estrecho colaborador de Roger Penrose, de quien hoy publica una entrevista el diario *La Vanguardia*. [107] Reproduzco algunas de las opiniones que manifiesta:

P. ¿Hubo consciencia antes de la vida?
R. Sí, la hubo, la hay y la habrá siempre.

P. ¿La consciencia evoluciona con la vida?
R. La vida evoluciona para optimizar la consciencia.

P. ¿Qué pasará con mi consciencia cuando haya muerto?
R. Sobrevivirá entrelazada con el universo.

Y añade:

- La vida es un epifenómeno de la consciencia; el ser humano lo es de la vida.
- "Mente" se limita a la función cerebral, que la consciencia, alma o espíritu, desborda.
- El futuro del conocimiento pasa por apostar por la ciencia de la consciencia, y no por la llamada IA.

La ciencia de la consciencia[108] está, hoy, en sus balbuceos. Un universo de consciencia, en el que la materia es epifenómeno y no al revés, tiene, por pura lógica, que manifestar fenómenos en los que la consciencia se manifiesta. Uno de ellos somos nosotros, "el fenómeno humano", y otro es la vida biológica en su conjunto. Pero, además, a nosotros, seres especialmente inquisitivos, deberían pasarnos "cosas" que nos dejasen percibir la universalidad de la consciencia misma. Las sincronicidades, a las que me he referido en las páginas precedentes, pueden ser, en conjunto, una de tales cosas.

Ahora, cuando el occidente tecnológico se dedica a producir otro tipo de cosas que ni siquiera sabe lo que son, unas cosas que le hacen confundir el no-ser con el ser, trastornándole profundamente, como hace más de dos milenios y medio la diosa Naturaleza advirtió a Parménides que podía suceder..., ahora toca aprender por otros lados. Hay que aprender a pensar *algorítmicamente* menos, y a escuchar,[109] percibir y contemplar más. Hay que ser inteligentes *de otra manera*.

Recuperemos *la re-ligación* (o / y la *re-lectura*) prescindiendo de las religiones. Esto último quizá molestará a algunos creyentes, pero tengo que decirlo, porque también es tiempo de descreer, no para convertirse en un incrédulo militante, que no deja de ser otro creyente al que mueve con frecuencia un fanatismo igual o mayor, sino para estar plenamente disponible, sin pantallas de creencias, para la experiencia directa de(l) Ser.

Creo que una pregunta pertinente es "¿hacía **qué** nos dirigimos?". Espiritualmente sobre todo. Estoy convencido de que, más pronto que tarde, la humanidad tendrá que dejar atrás las religiones basadas en credos, porque no me cabe la menor duda de que la espiritualidad y determinadas concepciones de Dios y de la fe, entendida como creencia en dogmas, son tan incompatibles como el agua y el aceite. No andaba tan descaminado Marx hace cerca de dos siglos, pero se equivocó al tirar a la basura al Hegel espiritualista (con todas sus limitaciones) para sustituirlo por la negación pura y simple del espíritu, en ausencia del cual no hay nada que liberar. Ayer escuchaba yo a un conferenciante defender la escala ascendente de las grandes visiones del mundo, desde el "infantil animismo" al "revolucionario transhumanismo" que se nos propone hoy como el camino de la autoevolución. Pero el error consiste precisamente en asumir una progresividad que implica ir tirando todo el tiempo "ridículos primitivismos" por la ventanilla del veloz vehículo en que viajamos para remplazarlos por nuevas visiones *prêt à porter*. Hay intuiciones arcaicas (*arjéicas*) de gran valor que deben ser recuperadas, mientras que algunos de los postmodernismos de moda son lamentables espiritual e intelectualmente. Se impone una nueva síntesis que recupere todo lo que hay de válido en la historia de la búsqueda humana de la verdad (es decir, del ser), abandonando prejuicios y tabúes que a estas alturas están totalmente fuera de lugar.

A pesar de todo, la humanidad merece sobrevivir, y lo hará si se reconcilia con su planeta y con la vida. Estará entonces disponible para que siga fluyendo a través de ella la revelación de sentido, que ha fluido siempre –desde la primera vez que un *sapiens* o un *neandertal* miró a las estrellas– en forma de mitos, de narraciones, de ciencia también..., e incluso a través de las religiones, aunque el fluir a través de ellas se interrumpió cuando sus "instancias superiores" aseguraron que la Revelación había concluido porque la "verdad" que cada una de ellas había recibido de forma exclusiva, hace mil, dos mil o tres mil años, era la última y definitiva. Con esa asunción bloqueante, las religiones[110] se autoesterilizaron.

Estamos en una grandísima encrucijada en la que lo que se juega es el verdadero nacimiento de *sapiens*, largamente aplazado. Es justo lo contrario de lo que defienden los trans- y posthumanistas, que ya lo dan por caducado, y me parece que tenemos por delante una tremenda batalla, de modo que es aconsejable releer la *Bhagavad Gita*. ¿Un futuro hipertecnológico? Ahora todo apunta hacia ahí, pero está por ver.

Pero ¿en qué consiste el agudo conflicto susceptible de llevar a una gran confrontación entre tecnófilos y biófilos? Quizás convenga repasar algunos puntos clave de la ideología trans- y posthumanista:

1. Las entidades biológicas, humanas incluidas, son muy imperfectas, y se puede y se debe dejarlas atrás dado que la tecnología está a punto de hacer surgir algo incomparablemente superior.

2. La tecnología implica una aceleración exponencial de la Evolución, de modo que acceder a corto plazo al gran

salto transhumano conocido como "la Singularidad" es posible e incluso ineluctable.

3. El ser humano está condicionado por nociones arcaicas y románticas, como la idea ilusoria de "consciencia", la creencia de que existe en el sujeto individual algo ajeno a la computación.

4. La inteligencia de la Supermáquina Global se basará en equivalentes neuronales que no serán sino humanos convenientemente modificados para eliminar de ellos todos los rasgos heredados que les impedirían ser plenamente funcionales.

Frente a esto:

- Vida. Vivida en plenitud en este antiguo y entrañable cuerpo perecedero.
- Vida. Que atraviesa el cuerpo y, con él, el tiempo, viajando de misterio a misterio.
- Vida. Cuyo fundamento y motor es Eros.[111]
- Vida: variedad, sorpresa, paradojas (humor), danza, ocultación, reaparición, contraste. Imperfección.
- Vida sin frenesí. Vivida con la calma que permite saborearla.[112]
- Vida. Disfraz de finitud del Ser.

Pero tampoco se trata de oponer férreamente dos visiones, estableciendo una nueva polarización irreductible. Se confrontan dos modelos de evolución, eso está claro. Quién sabe si no se acabará materializando el mensaje del inolvidable film de animación *Cristal oscuro*, y si los *Skekses* y los *Mystics* no se fusionarán al tener lugar "una conjunción de los soles". Pues, incluso en medio de una oscuridad que todavía puede aumentar, es posible que aflore una síntesis de tradiciones

espirituales y vías cognitivas que, a mil leguas de un super-
ficial sincretismo, resulte ser un aspecto esencial de la *revelación continuada* que justifica la persistencia del fenómeno
humano sobre la Tierra, una revelación cuyo eje sea, en esta
ocasión, la evidencia, reconocida como tal y compartida, de
la luz de(l) Ser que está presente en todos nosotros y en toda
forma de vida.

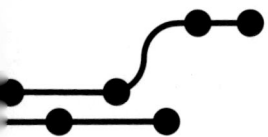

RESUMEN
Y PUNTUALIZACIONES
FINALES

El despliegue de la Inteligencia Artificial está teniendo efectos muy diversos y a múltiples niveles. Ciñéndonos al aspecto cognitivo, resulta imposible abordar estos efectos sin recuperar un enfoque filosófico liberado de las ataduras cientifistas que, desde hace mucho tiempo, vienen limitando su potencial de comprensión, como anteriormente lo hacía la obligación de no contradecir los dogmas religiosos.

La eclosión de unos artefactos tecnológicos que no solo desarrollan procesos lógicos complejos, sino que dominan sintaxis que lo son igualmente y disponen de una amplia capacidad léxica –lo que les permite interaccionar con los usuarios simulando mentes y personalidades humanas hasta acercarse cada vez más a un punto ("la Singularidad") en el que resulten ya completamente indistinguibles de los seres conscientes– nos exige alcanzar una auténtica comprensión de los conceptos psicológicos y ontológicos fundamentales: qué es la inteligencia, el pensamiento, **comprender**... y qué es la consciencia, la vida, el ser. No es, desde luego, un desafío pequeño, y no se me oculta que muchos pensarán que supera nuestras capacidades.

Importa mucho subrayar que está siendo la **imitación** de personas dotadas de consciencia y de verdadera inteligencia, lo que, hoy por hoy, constituye el objetivo principal discernible de la producción y comercialización de las llamadas inteligencias artificiales. En estas condiciones carece de sentido entrar en disquisiciones sobre la posibilidad de fabricar IAs conscientes, y más bien deberíamos preguntarnos cuál es la razón de ese desmedido afán imitativo, de lo que se diría que es una voluntad de crear confusión, de engañar, en algo tan fundamental como lo es la presencia o ausencia de vida subjetiva, de la genuina *luz de ser*, en un interlocutor, por el procedimiento de acostumbrar a la gente a ver como personas reales a entidades ficticias. ¿Se hace esto solo porque es comercialmente rentable o quizás, además, con otro propósito? Esta pregunta podría ser considerada conspiranoica, pero, en un caso tan flagrante como este, semejante acusación no sería más que una burda estratagema para evitar que la pregunta se tome en serio y se profundice en la sugerencia que lleva implícita. Vemos, hoy, a los usuarios de las IAs conversar, argumentar y discutir con los personajes que dichas IAs asumen, como si lo hicieran con personas auténticas ¿Esto es normal? Socialmente, claro que sí, puesto que se trata de un comportamiento que ya está normalizado, pero creo que se entiende mi pregunta. ¿Es mental y emocionalmente sano? ¿Lo es espiritualmente? ¿No se está promoviendo el solipsismo? Y añadiré otro cuestionamiento: ¿es admisible la idea de fondo que inspiró a Turing su célebre test? En breves palabras: que, una vez que la capacidad razonante y el comportamiento comunicativo de una máquina informática llegase a resultar indistinguible de la que posee un ser humano medio, se debería considerar que dicha máquina es consciente, "a todos los efectos".

Todo esto deja meridianamente claro que lo que está verdaderamente en juego es *la cuestión de(l)* **ser**.

El método científico clásico no solo se define por ser objetivo (diferentes observadores deben poder confirmar, todos, una misma observación, siempre que se encuentren en idénticas condiciones) sino también *objetual* (solamente cabe enfocarse sobre objetos aconscientes, que, a todos los efectos, son lo único que existe para la ciencia convencional). Ahora bien, dicho método encuentra un límite insuperable al querer dar cuenta de la consciencia, ya que esta no es ningún objeto sino la pura experiencia de **ser**, es decir, *la raíz última del sujeto*, ante el que se presentan los objetos como fenómenos.

Las tradiciones filosóficas occidentales, así como la ciencia moderna, que, junto con su deriva tecnológica, se ha gestado dentro de dichas tradiciones, carecen de los instrumentos epistémicos que permiten reconocer el ser, accesible vivencialmente como la luz de la consciencia (o pura interioridad). Esto lo ponen de relieve filósofos como Ken Wilber y Richard Tarnas, entre otros, pero dista mucho de ser asumido por el mundo intelectual "clásico" y especialmente el académico. En dicho mundo, el método científico sigue imperando como el único camino válido de conocimiento, y esto causa importantes distorsiones que van del puro y simple negacionismo de la consciencia a confundirla con los procesos algorítmicos de una "función pensamiento" mecanizada que se propone como un modelo computacional a seguir, o a creer que es idéntica a la información incluso en sus modos conformativos más simples y básicos, como la programación de un temporizador.

Sin embargo, en el universo filosófico-místico de las principales tradiciones índicas –de las que interesan aquí ante todo el Vedanta y el Samkhya– estas confusiones ni se dan ni son posibles, debido a que sus aproximaciones cognitivas no son meramente conceptuales, sino que tienen una raigambre experiencial que les es definitoria en gran medida, diferenciándolas de las cavilaciones "puras y duras" propias de los filósofos occidentales típicos. Experiencias meditativas que implican introspección –y saber manejarse en y con ella– ponen al gñana-yogui o al vedantin *en presencia del ser*, que es reconocido como idéntico a la luz vivencial absoluta del espacio subjetivo (lo que me gusta llamar *la luz de ser*).

Esos ejercicios introspectivos permiten al meditador constatar que *ser* no puede identificarse con *pensar*, ya que la actividad pensante se despliega bajo la luz de la consciencia. Pero no es esa luz.

Jung distinguió cuatro modalidades de experiencia, irreductibles las unas a las otras, que llamó "funciones psíquicas": sensación, sentimiento, pensamiento e intuición. La función pensamiento se diferencia de las demás por el hecho de que algo muy similar a ella es lo que se programa en los ordenadores, de modo que sus *softwares* más avanzados desarrollan una suerte de *pensamiento artificial*, formulación que se les pueda aplicar sin faltar a la verdad. ¡Lo cual, sin embargo, se hace todo el tiempo al hablar de *Inteligencia Artificial*!

Porque, si bien se mira, el pensamiento es algorítmico. Pero *solo el pensamiento*, ya que las otras tres funciones psíquicas son inseparables de la consciencia. Recordemos las palabras de Descartes en el *Discurso del Método*:

> Las largas cadenas de razonamientos de que suelen servirse los geómetras para llevar a buen término sus más dificultosas demostraciones llevan a suponer que todas las cosas que pueden ser objeto del conocimiento humano se siguen unas a otras de la misma manera.[113]

Se podrá replicar que no es así como piensan los seres humanos de carne y hueso. Claro que no, porque nuestra mente es holística y todas las dimensiones de nuestro psiquismo están inextricablemente entrelazadas. Pero un gélido pensar, cien por cien cartesiano, sí que respondería a esta definición, y es sobre esa base que, hace ya bastantes décadas, se empezó a diseñar el funcionamiento de los ordenadores, que se ha ido complicando más y más, hasta culminar –tras un impresionante proceso de sofisticación y apropiación del lenguaje humano– en la impropiamente llamada "inteligencia artificial". Porque, en efecto, esta denominación no puede ser más desafortunada, ya que no hay inteligencia sin auténtica comprensión, para la que la luz de la consciencia es absolutamente imprescindible. El pensamiento artificial de una IA (incluso parlante, y convincentemente razonadora) no es, pues, inteligente, pero ofrece sus resultados a personas que *sí se enteran* y que pueden hacerlos suyos y aplicarlos.

La llamada Inteligencia Artificial es, por tanto, una extensión tecnológica del pensar humano, y podríamos llegar a saludar este invento si se cumpliese la condición de tener claras, sus fabricantes y sus usuarios, unas cuantas cosas fundamentales y elementales. En los capítulos 2 y 3 se ha presentado el llamativo contraste existente entre unas corrientes filosóficas y teorías occidentales de la mente que no parecen entender la diferencia entre el pensamiento (e incluso la mente) y la consciencia,[114] y unas tradiciones espirituales y filosóficas indias que captan y formulan con claridad dicha diferencia. Destacadamente dos de ellas que en buena medida se complementan: el Samkhya y el Vedanta.

Decía Raimon Panikkar que la búsqueda de la verdad en la filosofía occidental es visual. Se busca, ante todo, con la mirada, tratando de percibir la máxima coherencia y adecuación de las representaciones conceptuales, que es lo único que está permitido mirar porque el filósofo de Occidente, aunque en el fondo no puede dejar de buscar el Ser, duda mucho de poder encontrarlo. Duda tanto que no lo encuentra. Y añadía que el misticismo que inspira la gran mayoría de las filosofías índicas hace que en ellas se dé prioridad a la escucha, y, más que buscar, se permanece a la expectativa de los mensajes, o incluso del puro sonido del Ser (que es el Ser mismo). Esas filosofías dan por supuesto que el Ser es accesible. Y claro que lo es, puesto que es inmediato: todos somos el Ser. Al respecto vale, por lo demás, cualquier metáfora sensorial: el ser que somos es luz, *la luz de ser*, y también es sonido, la vibración cósmica primordial, ese "ommmm" que resuena tanto en el fondo del universo[115] como en el de todos y cada uno de nosotros, sin dejar de ser Silencio ya que no es "ruido" sino la Presencia misma.

Es evidente que para salir del empantanamiento tecno-materialista y volver a empezar *realmente* a caminar..., para emprender ese camino hacia la luz que creo y sobre todo espero que nos esté esperando,[116] tendremos que ser capaces de entender que la consciencia es, sencillamente, lo que nos hace *ser*. *Que es el ser mismo*. Y para conseguir esto habrá que reservar el método científico clásico a aquellos ámbitos en los que, de verdad, es útil, y dejar de pretender aplicarlo allí donde no funciona y más bien oscurece la comprensión de lo esencial.

Vivir la experiencia del pleno reconocimiento de *esa luz* como distinta de los contenidos de conciencia (sensaciones, pensamientos, etc.) que ilumina en permanencia, se vuelve hoy necesario, pues es preciso contar con un punto de referencia sólido, **cierto**, en un mundo víctima de la desorientación extrema en la que le ha sumido una tecnociencia cuyo único objetivo es ejercer compulsivamente control, más y más control…, despreciando el conocimiento de sí mismo y ninguneando, en definitiva, el ser, no por inaccesible sino por no manipulable.

Es por esto por lo que deseo finalizar este ensayo reproduciendo el inicio de un poema del maestro zen Denkô Mesa, que aparece publicado en su libro *Quimeras del ego. Desvelando la consciencia*, y cuyo título es justamente "Esa luz"[117] :

Estos ojos
parpadean el asombro
observando esa luz que se presenta
clara, una vez más,
espontánea y juguetona en este ahora inmarcesible.

AGRADECIMIENTOS

Mi agradecimiento, Carles de Gispert, director de Siglantana, por tu rápida captación de la oportunidad de este ensayo.

Gracias, Agustín Pániker, porque a ti debo gran parte de mis conocimientos sobre cultura índica, no solo por tus magníficos libros, sino sobre todo debido al privilegio de nuestras conversaciones.

Y vaya por anticipado mi reconocimiento a todos los lectores (por ahora solo potenciales) por decidir asomarse a un tema ineludible.

BIBLIOGRAFÍA

- Arnau, J. *Cosmologías de India*, Kairós, Barcelona, 2024.
- Arvind Sharma. *Vedanta Advaita. Una introducción*, Kairós, 2013.
- Bergson, H. *Oeuvres*, Presses Universitaires de France, París, 1963.
- Bitbol, M. *La conscience a-t-elle une origine ?* Flammarion, París, 2014.
- Byung-Chul Han. *No-cosas*, Penguin Random House - Taurus, Barcelona, 2021.
- Cavallé, Mónica. "La doctrina Advaita o la perspectiva no-dual" y "Ser y creatividad, en torno al Vedanta Advaita" en *Hinduismo y Budismo. Introducción filosófica*, Etnos, Madrid, 1999.
- Chalmers, D. *La mente consciente*, Gedisa, Barcelona, 1999.
- Dartigues, A. *Qu'est-ce que la Phénoménologie ?* Privat Éd., Toulouse, 1972.
- De Quincey, C. *Naturaleza esencial*, Atalanta, Girona, 2022.
- Denkô Mesa. *Quimeras del ego. Desvelando la consciencia*, Kairós, 2024.
- Ferrández, R. *Samkhya y Yoga*, Kairós, 2020.
- Galen Strawson. *Physicalist Panpsychism*. Susan Schneider & Max Velmans eds. U.K., 2017.
- Goodall, J. & Abrams, D. *El libro de la esperanza*, Paidós/ Planeta, Barcelona, 2022.

- Harris, Annaka. *Consciencia. Guía breve sobre el misterio fundamental de la mente*, Gaia, Madrid, 2019.
- Innerarity, D. *La sociedad del desconocimiento*, Galaxia Gutenberg, Barcelona, 2024.
- Isvarakrsna (traducción e Introducción: Laura Villegas). *Samkyakarika*, Kairós, 2016.
- Jonas, H. *El Principio Vida*, Trotta, Madrid, 2000.
- Jung, C.G. *La interpretación d la naturaleza y la psique*, Paidós, Buenos Aires, 1964.
- Kripal, J.J. *El vuelco*, Atalanta, 2022.
- Leibniz, G.W. *Monadología*, Fac. de Filosofía de la Universidad Complutense, Madrid, 1994.
- Meier, C.A. *Wolfgang Pauli y Carl G. Jung. Un intercambio epistolar 1932-1958*, Alianza Editorial, Madrid, 1996.
- Morin, Edgar. *La Méthode-3. La Connaissance de la Connaissance*, Le Seuil, París, 1986.
- Narby, J. *El misterio último*, Errata Naturae, Madrid, 2023.
- Nisargadatta Maharaj. *Yo soy eso*, Sirio, Málaga, 2000.
- Pániker, A. *El Jainismo*, Kairós, 2001.
- -------------. Índika. Una descolonización intelectual, Kairós, 2005.
- Panikkar, R. *La experiencia filosófica de la India*, Trotta, 1997.
- Pigem, J. *La odisea de Occidente*, Kairós, 1994.
- ----------. *Conciencia o colapso*. Fragmenta, Barcelona, 2024.
- Pujol, O. *La ilusión fecunda*, Pre-textos, Valencia, 2015.
- San Miguel de Pablos, J.L. *La rebelión de la consciencia*, Kairós, 2014.
- --------------------------------. *Consciencia. El hilo conductor del universo*, Kairós, 2023.
- Sankara (atribuido a). *Drgsdrsyaviveka. Una investigación filosófica sobre la naturaleza del "Espectador" y del "Espectáculo"*, Asram Vidya España, Madrid, 2014.

- Searle, J.R. *Le Mystère de la conscience*, Odile Jacob, París, 1999.
- Schneider, Susan. *Inteligencia Artificial. Una exploración filosófica sobre el futuro de la mente y la conciencia*, Koan, Badalona, 2021.
- Schopenhauer, A. *El mundo como voluntad y representación*, Ed. Porrúa, México, 1998.
- Tarnas, R. *La pasión de la mente occidental*, Atalanta, 2008.
- ------------. *Cosmos y Psique*. Atalanta, 2008.
- Teilhard de Chardin, P. *El fenómeno humano*, Taurus, Madrid, 1963.
- Tononi, G. *Phi. A Voyage from the Brain to the Soul*, Pantheon Books, Nueva York, 2012.
- VV.AA. *La synchronicité, l'âme et la science*, Albin Michel, París, 1995.

NOTAS

1. El primero de ellos fue *La rebelión de la consciencia*.

2. Leibniz se refería a nuestra *luz interior*.

3. Véase *El misterio último. En busca de la inteligencia de la Naturaleza.* Bibliografía.

4. Pues lo que está meridianamente claro es que hay muchas clases de inteligencia.

5. *Consciencia. El hilo conductor del Universo*, pág. 13.

6. De qué naturaleza sea ese vínculo, es otra cuestión.

7. Ya no dialógica como la de su maestro Platón

8. Pero *también* real, a su nivel.

9. Que "se haga entero" con su contenido.

10. Sistemas verdaderos, cuya unidad es intrínseca, holística. No meros aglomerados, como una piedra o un vaso.

11. Y en ella estaría implicada la complejísima danza de los electrones entre las neuronas.

12. *Purusha*: ver más adelante.

13. E incluso *self-enjoyment*, goce de ser.

14. Véase: John Searle, *Le Mystère de la conscience*, pp. 168-169. Bibliografía. Recogido por mí en *La rebelión de la consciencia*, pp. 28 y sgts.

15. Autocita: *Consciencia. El hilo conductor del universo*, p. 75.

16. Y no del Judaísmo.

17. Con lo que abren el *problema de las otras mentes*.

18. De νόος, cuyo significado más claro, a mi modo de ver, es consciencia.

19. Sin embargo, como enseguida veremos, hay modos de fisicalismo que son compatibles con el reconocimiento de la fundamentalidad de la consciencia, incluso como un dato de alcance universal que trasciende al ser humano. Basta para ello con traducir *fisis* como "naturaleza" y entenderla a la manera de Spinoza.

20. *La Méthode. 3. La Connaissance de la Connaissance.* Ver Bibliografía

21. "La inteligencia de las máquinas entraña ante todo el peligro de que el pensamiento humano se asemeje a ella y *se torne él mismo maquinal.*" Byung-Chul Han, *No-cosas,* pág. 60.

22. *La sociedad del desconocimiento,* pp. 68 y 69. Ver Bibliografía.

23. Chalmers no parece apreciar la diferencia entre información efectiva (la que es tal *porque algún ser consciente "se entera"*) y potencial.

24. M. Bitbol, *La conscience a-t-elle une origine ?,* p. 678.

25. [*que el mundo es representación en una consciencia*] "es una verdad reconocida desde los primeros tiempos por los pensadores de la India, constituyendo el principio fundamental de la filosofía Vedanta". *El mundo...,* 1.

26. *Monadología,* 17.

27. Y tal vez en todos los organismos biológicos.

28. El panpsiquismo teilhardiano se diferencia bastante del de Whitehead y tiene, por lo demás, difícil entronque con el de su maestro en el filosofar, Bergson, ya que este último ceñía la presencia de un trasfondo psíquico a lo biológico, mientras que Teilhard lo extendía a las partículas dispersas que, según él, pululaban en el universo primitivo.

29. Véase *El fenómeno humano.* Bibliografía.

30. En *La nueva alianza.* Bibliografía.

31. Lo que el materialismo científico justifica echando balones fuera: la consciencia es un epifenómeno, no existe, o se trata de algo que, dado su aroma romántico y poético, se puede despreciar con una sonrisa condescendiente.

32. *Physicalist Panpsychism.* Bibliografía.

33. De nuevo se pone el foco en la energía. Recordemos la propuesta de Sheldrake, de los *campos mórficos* en biología.

34. Los campos, dice Sheldrake, tienen mucho más que ver con variaciones en el tiempo que con posiciones bien definidas en el espacio.

35. *Journal of Consciousness Studies*, 28, n° 3-4 (2021)

36. Spinoza, *Ética*, Primera Parte, Proposición III.

37. Algún tipo de "puente" tiene que existir, en todo caso, entre la materialidad (supuestamente aconsciente) del soporte corpóreo y el orden de realidad subjetiva de la psique humana consciente, que le es consustancial. Ese "puente" podría suministrarlo el panpsiquismo de las células y los electrones, como acabamos de ver, asumiendo que la problematicidad que presenta es ciertamente complicada, pero no llega a tener un carácter metafísico tan fundamental como una emergencia desde algo totalmente "ciego".

38. Que apenas se ha iniciado y aún es tremendamente vacilante e incompleta. No llega ni por asomo a los "animales de consumo", que siguen siendo "cosas" de hecho; y nuestros hábitos alimentarios evolucionan con una lentitud extrema.

39. El odiado animismo pagano y supersticioso, que era lo que el *católico por interés* René Descartes quería enterrar a toda costa.

40. Una interacción que todavía se da en algunas comunidades arcaicas supervivientes. Aquí tenemos un buen ejemplo de la *retroprogresividad* que defendía Salvador Pániker.

41. Una intuición que, marcando una gran diferencia con la cultura occidental, ha sido siempre y sigue siendo central en las tradiciones espirituales y filosóficas de la India y Extremo Oriente.

42. *La sociedad del desconocimiento*, p. 76. Ver Bibliografía

43. Territorio que comprende los actuales estados de la Unión India, Pakistán y Bangladesh.

44. El primero y principal de ellos es el Rigveda, datado a mediados del segundo milenio a. C., al que siguieron el Atharvaveda, el Yajurveda y el Samaveda.

45. Cuyos nombres son vaisesika, nyaya, Samkhya, yoga, Mimamsa y Vedanta.

46. *Lo manifiesto* [el universo material, prakriti] *está constituido por los tres gunas* [sattva, rajas y tamas], *carece de discernimiento, es inconsciente, objetivo, común y prolífico. La consciencia* [purusha] *es lo contrario, aunque guarda algunas similitudes.* (Samkhyakarika, 11).

47. Enterarse: hacerse uno entero con algo. Filosófico y místico verbo, este tan común del castellano.

48. Término sánscrito que me gusta traducir como *ser-consciencia.*

49. Y sin ella el verbo *ser* no significa nada.

50. Las que son sus *causas materiales* (hierro, arcilla, etc.) en sentido aristotélico. Dejando de lado las *formas* que adoptan.

51. Otro ejemplo. En el *Brharadaranyaka Upanishad* leemos: "El imperecedero es el vidente invisible, el oyente inaudible, el pensador impensable, el cognoscente incognoscible. No hay ningún vidente sino él. No hay ningún oyente sino él. No hay ningún cognoscente sino él."

52. Nisargadatta Maharaj, *Yo soy eso.* Bibliografía.

53. *La ilusión fecunda*, p. 52.

54. *Ibid.*, p. 54.

55. El carácter impersonal de lo Absoluto en el Vedanta lleva a algunos estudiosos, como Òscar Pujol, a considerar preferible escribir "el brahman".

56. *Brahmasutra-Bhasya*, 1.1.1. Citado por Òscar Pujol, *op.* cit.

57. Bhasya, 1.1.2.

58. *Hinduismo y Budismo. Introducción filosófica*, pág. 101. Bibliografía.

59. *Tractatus Logico-Philosophicus*, 5.632 y 6.522.

60. Encontramos aquí una conexión con la filosofía de Bergson que trasciende las áreas culturales y el tiempo.

61. Siglos II y III d. C.

62. *La ilusión fecunda*, p. 243. Ver Bibliografía.

63. La carrera desbocada de la tecnología es un perfecto reflejo especular del afán de crecimiento sin límites que define al capitalismo. Por eso mismo, ambos han convergido fusionándose en el **tecnocapitalismo** que, hoy en día, encarna al Minotauro.

64. *Op. cit.*, p. 516.se han

65. Richard Tarnas, *Cosmos y Psique*. Ver Bibliografía.

66. En un ensayo que apareció primero en francés y luego en castellano: *Le livre de Gaïa et Ouranos*, Le Rocher, París/Mónaco, 2000 / *Hijos de Urano y Gaia*, Endrokos, Madrid, 2002.

67. *La odisea de Occidente*, p. 67.

68. *Ibid*. pág. 68.

69. *Ibid*. págs. 68-69.

70. "Progresista" es un adjetivo que, por muy ocioso que suene recordarlo, viene de "progreso" con todo lo que eso implica.

71. *La odisea de Occidente*, pág. 69.

72. Ediciones La Llave.

73. Véase el capítulo "Sapiens" de mi ensayo *Consciencia. El hilo conductor del universo*.

74. Hipertélico/a: se refiere al desarrollo excesivo de un rasgo, en el transcurso del proceso evolutivo.

75. Treinta años después de *La odisea de Occidente*, la lucidez de Pigem vuelve a quedar patente en su magnífico- ensayo *Conciencia o colapso* (ver Bibliografía).

76. Que el padre de dicho enfoque, Descartes, sí que reconoció de modo directo, aunque la llamase "pensamiento".

77. *La Méthode*, vol. 1, p. 365.

78. Pág. 9: "La biología científica, atada por sus propias reglas a los hechos físicos externos, se ve obligada a pasar por alto la dimensión de interioridad propia de la vida. Hace desaparecer así la diferencia entre «animado» e «inanimado»." Ver Bibliografía.

79. Y que no es, por consiguiente, ni pensamiento propiamente humano ni auténtica inteligencia, pues tanto el uno como la otra no

pueden existir como puros algoritmos desligados de la afectividad y de las captaciones intuitivas.

80. Esto le dice a Douglas Carlton, su entrevistador, en *El libro de la esperanza*, p. 28. Bibliografía.

81. Señalemos el antecedente del código Morse, cuya dualidad básica es *punto-raya*.

82. En la visión evolutiva del Zodiaco, Géminis, regido por Mercurio, representa el surgimiento del lenguaje verbal y, con él, de la distinción entre significante y significado. Surge así la posibilidad de la narrativa y la ficción. Pero, junto a ellas, también del engaño, en el que, recordémoslo, Hermes / Mercurio era maestro consumado.

83. El Zodiaco de los doce signos iguales es mucho más pitagórico que astronómico. Sus máximas claves se resumen en la ciclicidad abierta y los arquetipos numéricos y geométricos que implica el Doce como número-arquetipo que lo estructura globalmente.

84. *La Méthode*, vol. 1, pág. 18. Bibliografía.

85. Como sostiene el filósofo italiano "Bifo" Berardi, cuyos puntos de vista cito críticamente con cierta amplitud en *Consciencia, el hilo conductor del universo*. Lo que él plantea es que la Nada, que reconoce que no existe en la naturaleza, sí existe para nosotros, que seríamos sus dioses creadores, ya que "emerge" cuando morimos.

86. No digo en modo alguno que *yo* lo veré.

87. Epílogo de *¿Qué es la vida?*, p. 135. Bibliografía.

88. Aunque a veces la forma exterior de algunos agregados carentes de integralidad puede dar una impresión engañosa de unidad orgánica, como sucede con numerosos objetos artificiales y algunos naturales (rocas y nubes que recuerdan animales, por ejemplo).

89. Lo cual sería un puro milagro o incluso "magia potagia", como ya ha quedado claro.

90. Aquí hay que referirse a la *Ley de complejidad y consciencia*, que Teilhard de Chardin formuló hace más de un siglo.

91. Seguramente es por eso por lo que ha elegido φ como símbolo y nombre de la misma, siendo así que el número irracional φ (fi) aparece asociado a la proliferación de formas armoniosas y bellas en la naturaleza.

92. *El País*, 30 de marzo de 2024. Entrevistador: Manuel G. Pascual.

93. Precisamente acabo de leer una reflexión de Anthony de Melo: "El primer acto de amor consiste en ver a esa persona o ese objeto, esa realidad, tal como verdaderamente es" "(*Una llamada al amor*).

94. Autora de *Inteligencia Artificial. Una exploración filosófica sobre el futuro de la mente y la conciencia*. Bibliografía.

95. Ya que el transhumanismo de religión tiene mucho...

96. Pág. 187. La cursiva de "algo" es mía.

97. Pág. 191.

98. De los que cita cinco, que tienen que ver con: 1. El protagonismo de la *energía*. 2. La negación de la separatividad. 3. La irrupción de la acausalidad. 4. Una predilección por las estructuras cuaternarias (y, añado yo, también por el 4 multiplicado o dividido por 2: la capa electrónica externa de los átomos, la de valencia, se completa con 2 u 8 electrones, mientras que el carbono, elemento-base de la vida orgánica, cuenta con 4 en dicha capa). 5. Una relativización de lo espaciotemporal. ("Quelques réflexions sur la synchronicité", en la obra colectiva *La synchronicité, l'âme et la science*, pp. 159-163. Bibliografía).

99. "Dos electrones de los orbitales de un átomo no pueden compartir el mismo número cuántico". Notemos que se trata de un *principio*, es decir, de algo observado y primario de carácter numeral que simplemente *se muestra* como un dato que no tiene mayor explicación. Pauli llegó a dar a entender que este principio, por el que ganó el Nobel, podía tener un fundamento acausal, lo que por otra parte no es raro en el mundo cuántico.

100. En carta de fecha 28 de junio de 1949. *Wolfgang Pauli y Carl G. Jung. Un intercambio epistolar 1932-1958*, pp. 64-65. Ver Bibliografía.

101. Se trata, sin duda, del celebérrimo caso de la llegada repentina a la ventana del gabinete del Dr. Jung, de un escarabajo dorado que intentaba entrar y que era prácticamente idéntico al que aparecía en un sueño que acababa de narrar la paciente que el psicólogo tenía en ese momento en consulta. El coleóptero era un ejemplar de la especie *Cetonia aurata*, similar a los venerados por los antiguos egipcios, un tema en el que Jung estaba muy interesado. Este sorprendente suceso resultó crucial para la mejoría de la paciente.

102. *Un intercambio epistolar*, pág. 73.

103. *Ibid.*, pp. 174-175.

104. *Un intercambio epistolar*, pág. 65.

105. Como sucedía en los tiempos iniciales de la cuántica, de los cuales Wolfgang Pauli fue uno de los principales protagonistas. Probablemente provenía de ahí su optimismo.

106. Véase su ensayo *El vuelco*. Bibliografía.

107. En la sección *La Contra*, 13 de julio de 2024. Entrevistador: Víctor Amela.

108. De la que Hameroff es definido, en la entrevista, como "puntero" al mismo título que Penrose.

109. El silencio también.

110. Me refiero a las abrahámicas, que son las únicas religiones en sentido estricto.

111. Equivalente a *élan vital*.

112. El *buen vivir* incluye los momentos "no productivos" de contemplación ociosa. *Momentos solo para ser,* en los que brilla la más profunda y genuina inteligencia humana

113. Segunda Parte.

114. Con la excepción parcial de la fenomenología.

115. Ya que el primer eco del Big Bang, que nos rodea por todas partes, es una manifestación física real del "ommm" que nos recuerda la Unidad primordial.

116. Pero que no creo que esté a la vuelta de la esquina. Seguramente antes pasarán "cosas fuertes" inevitables a estas alturas.

117. Pág. 106. Ver Bibliografía.